Ellen Wagner, Elizabeth Adjei-Acheamfour
Mia Hoàng Dung Vũ, Meieli Borowsky-Islam (Hg.)
Was uns empowert

UNRAST

Elizabeth Adjei-Acheamfour bildet als Projektkoordinatorin Kinder und Jugendliche weiterführender Schulen zu Coaches aus, um Grundschulkinder zu unterstützen. Zusammen mit einer Freundin hat sie mit dem BIPoC Held*in Netzwerk eine Plattform für Menschen mit Rassismuserfahrungen geschaffen.

Ellen Wagner ist Beraterin mit Schwerpunkt auf anti-Schwarzen Rassismus und LGBTQIA*-Themen.

Meieli Borowsky-Islam ist Autorin und Kolumnistin des Afrika-Magazins LoNamm, systemische Beraterin und Bildungsreferentin. Sie arbeitet als Projektleitung bei einer gGmbH, die soziale Projekte initiiert. 2021 war sie Mitgründerin der Initiative Decolonize Wuppertal.

Mia Hoàng Dung Vũ studiert Soziale Arbeit und arbeitet als Berufseinstiegsbegleiterin. Sie wurde in den 1990er-Jahren in Deutschland geboren und ist dort in einer kleinen vietnamesischen Community aufgewachsen. Sie interessiert sich für Anti-Rassismus und Erfahrungen der Diaspora.

Ellen Wagner, Elizabeth Adjei-Acheamfour,
Mia Hoàng Dung Vũ, Meieli Borowsky-Islam (Hg.)

Was uns empowert

Geschichten von FLINTA of Color

UNRAST

Bibliografische Information der Deutschen Bibliothek
Die Deutsche Bibliothek verzeichnet diese Publikation in der Deutschen Nationalbibliografie; detaillierte bibliografische Daten sind im Internet über https://www.dnb.de abrufbar.

Ellen Wagner, Elizabeth Adjei-Acheamfour,
Mia Hoàng Dung Vũ, Meieli Borowsky-Islam (Hg.)
Was uns empowert
1. Aufl. März 2023
ISBN 978-3-89771-615-5
Insurrection Notes Vol. 15

www.unrast-verlag.de – kontakt@unrast-verlag.de
Mitglied in der assoziation Linker Verlage (aLiVe)

Umschlag: Felix Hetscher, Münster
Satz: Andreas Hollender, Köln
Druck: Multiprint, Kostinbrod

Inhalt

Vorwort

Es war nur eine fixe Idee, die in der Corona-Pandemie ihren Anfang nahm. Mia nahm Anfang 2020 an einem Meeting für *Women of Color* teil und traf dort Ellen wieder. Vor längerer Zeit hatte sie einen von Ellens Antirassismusworkshops besucht. Ellen arbeitete bereits seit Jahren in dem Themenfeld Antirassismus und *Empowerment* und setzte sich für die Sichtbarkeit marginalisierter Gruppen ein. Dieses Mal trafen sich Mia und Ellen bei einem *Safer Space* für Women of Color, bei dem die Erzählungen der Frauen im Fokus standen. Sie erzählten von der Arbeit und allen möglichen anderen Dingen, die ihnen neue Blickwinkel eröffnet hatten. Mia beschäftigte sich zu diesem Zeitpunkt schon eine Weile mit Antirassismus und *Diversity*. Sie wollte ihre Erlebnisse und auch ihr Dasein und all die Situationen, die sie bereits durchlebt hatte, aus der antirassistischen Perspektive besser analysieren und verstehen. Vielleicht konnte sie deshalb nicht vergessen, was Ellen in diesem Meeting damals so Bedeutendes sagte: »Wir sollten all diese Geschichten aufschreiben.«

Lange nachdem das Meeting zu Ende war, schwirrte Mia diese Idee noch in ihrem Kopf herum: »Wir sollten unsere Geschichten aufschreiben.« Es gibt so viele Bücher über alles Mögliche – wieso nur so wenige Bücher zu den Erfahrungen von Frauen of Color? Mia schlug Ellen vor, sich noch einmal zu treffen, und erzählte ihr von dieser Idee. Ellen war sofort begeistert. Kurze Zeit später kamen Meieli und Elizabeth dazu. Mia und Meieli waren sich bei diversen Workshops zum Themenfeld Antirassismus und Antidiskriminierung begegnet. Meieli setzte sich zu diesem Zeitpunkt bereits seit Längerem politisch und journalistisch mit den Themen auseinander. Mia erinnerte sich daran und fragte sie, ob sie Interesse hätte, ein gemeinsames Buch zu schreiben. Auch Elizabeth begleitete das Thema Diversität bereits seit Jahren. Besonders die Zeit, in der sie sowohl inner- als auch außerschulisch mit Kindern und Jugendlichen in verschiedenen Kontexten gearbeitet hatte, hatten das leidige Thema Rassismus wieder ans Licht gebracht. Denn Kinder in den frühen Jahren brauchen besonders viel Selbstbewusstsein, Selbstvertrauen, positive Vorbilder und Repräsentation in ihrem Leben.

Durch eine spätere Mitautorin und Freundin, die ebenfalls am Meeting *Women of Color* teilnahm, erfuhr Elizabeth vom Buchprojekt und schloss sich sofort dem Herausgeber*innenkreis an.

Kurz darauf wurde eine Webkonferenz organisiert, auf dem die vier Frauen sich kennenlernen konnten. So bildete sich letztendlich unser Herausgeberinnen-Team.

Uns war schnell klar, dass Empowerment ein wichtiger Bestandteil unseres Buches werden sollte.

Wieso gerade Empowerment?

Einer der ersten Gedanken, die zu unserem Buchprojekt aufkamen, war ein Buch zu veröffentlichen, ›welches wir als Jugendliche gerne selbst gelesen hätten‹. Geschichten, die uns damals das Gefühl gegeben hätten, dass es zahlreiche weitere Menschen wie uns gibt. Geschichten von Menschen, die von Rassismus betroffen sind, sogenannte *People of Color,* die in Deutschland aufgewachsen sind oder dort leben. Insbesondere Geschichten von *FLINTA of Color,* die in einer patriarchalen Gesellschaft strukturell benachteiligt werden. Geschichten von Menschen, die die eigenen Erfahrungen, Erlebnisse und Gefühle nicht kleinreden, sondern stattdessen wahrnehmen:

»Ja, ich verstehe dich.« Diese Grundaussage kann ein empowernder Moment sein, ein empowernder Prozess – die Möglichkeit, Selbstermächtigung zu erfahren und sich der eigenen Selbstwirksamkeit bewusst zu werden und diese anzunehmen. Ein solches Buch haben die Autor*innen dieses Bandes geschrieben.

Wieso gerade FLINTA?

Wir haben uns entschlossen, den Begriff von Frauen of Color zu FLINTA of Color zu erweitern, wobei wir den Begriff so definieren, dass FLINTA of Color nicht nur Frauen, Lesben, inter, nicht-binäre, transgender und agender Personen of Color einbezieht, sondern das *L* für uns das gesamte Akronym LGBTQIA+ darstellt. Damit wollen wir die ganze Bandbreite von Personen abbilden, die, wie bereits erwähnt, strukturell von patriarchaler und rassistischer Diskriminierung betroffen sind. Wir sind uns bewusst, dass FLINTA of Color ein Begriff unserer heutigen Zeit ist. Uns ist es daher ein Anliegen, viele aktuelle Perspektiven, Erfahrungen und Lebensrealitäten in diesem Buch festzuhalten.

Mit diesem Buch möchten wir unsere Community stärken und gleichzeitig auch Menschen der *weißen* Mehrheitsgesellschaft ansprechen, um auch sie für die Lebensrealitäten von FLINTA of Color zu sensibilisieren. So unterschiedlich wie wir alle sind, so vielfältig sind auch die Inhalte und so verschieden werden auch die Leseeindrücke sein – einige werden lachen, wieder andere weinen und wieder andere wird es zum Nachdenken anregen. Es wird vielleicht auch Texte geben, die dazu führen, dass ihr das Buch für einen Moment zur Seite legt. Denn zu Empowerment gehören auch Wut, Tränen und Schmerzen. Manchmal auch so sehr, dass es vorab Triggerwarnungen von uns geben wird.

Wir hätten nie erahnen können, wie kraftvoll die Entstehung dieses Buches für uns Herausgeberinnen und Autor*innen sein würde. »Wir sollten all diese Geschichten aufschreiben.« Es war ein simpler Impuls, dem wir gefolgt sind. Genau das ist Empowerment. Das ist Selbstermächtigung. Wir haben es geschafft, die Stimmen zu Papier zu bringen. Wir sind unglaublich stolz, dass wir dieses Buch in den Händen halten und wünschen uns, dass jede Person, die dieses Buch liest, ihren Teil daraus mitnimmt und weitergeben kann.

Ellen Wagner,
Elizabeth Adjei-Acheamfour
Mia Hoàng Dung Vũ,
Meieli Borowsky-Islam,

I.

Identität & Zwischenwelten

Catherine Ngoli

Eine rassismusfreie Gesellschaft – eine Utopie?

Schon lange Zeit bevor ich geboren wurde, existierte *es*.
So wurde ich in eine Welt geboren, in der *es* existierte.

Als Kleinkind war meine Aufmerksamkeit, wie bei vielen Kindern,
auf das Spielen und die Erforschung meiner nahen Umwelt fokussiert,
aber *es* existierte.

Als Kind ging ich zur Schule und lernte, und auch zu dieser Zeit
existierte *es*.
Und mehr und mehr spürte ich *es*.

Als Jugendliche war ich noch immer mit dem Lernen beschäftigt.
Mein Leben verlief vermeintlich normal,
doch *es* existierte immer noch.
Mein Leben war von Angst, Unsicherheit und Ohnmacht geprägt.

Als junge Erwachsene reiste ich in die Ferne, versuchte zu vergessen,
aber *es* existierte ... auch dort.

Einige Jahre später reiste ich beruflich viel und versuchte zu vergessen,
aber *es* holte mich ein, immer und immer wieder – schlaflose Nächte,
Angst, Ohnmacht und keine Worte, um *es* zu beschreiben.

Vor wenigen Jahren begann ich meine persönliche Lernreise,
um *es* zu verstehen,
mich besser zu verstehen und das, was *es* all die Jahre mit mir
gemacht hatte.

Heute bin ich 35 Jahre alt. Ich bin Wirtschaftspsychologin,
Unternehmensberaterin, Lebenspartnerin und Mutter von
zwei Kleinkindern.

WAS IST *ES*?

Hätte mir jemand diese Frage vor 30 Jahren gestellt,
hätte ich die Frage nicht einmal verstanden.
Hätte mir jemand diese Frage vor 20 Jahren gestellt,
hätte ich mich nicht getraut, meine Betroffenheit zuzugeben.
Hätte mir jemand diese Frage vor 10 Jahren gestellt,
hätte ich nicht gedacht, dass mir jemand Glauben schenkt.

Heute weiß ich, dass ***es Rassismus*** heißt,
ich Schwarz bin und in einer *weißen* Mehrheitsgesellschaft lebe.

Oft habe ich versucht, meine Erlebnisse mitzuteilen, doch niemand verstand mich, niemand teilte meine Erfahrungen, Erlebnisse, Ängste oder Ohnmacht.

Seither ist viel geschehen, vieles hat sich geändert.
Mittlerweile habe ich verstanden, dass ich nicht allein damit bin.

Wir alle sind davon betroffen. Wir *alle* sind von *Rassismus* betroffen.

Rassismus kreiert Fremdheit und Distanz.
Nicht nur zu Menschen, denen wir nie zuvor begegnet sind, sondern auch zu uns bekannten Menschen – aus der Nachbarschaft, auf der Arbeit, aus dem Freundeskreis und sogar aus unserer Familie.

Wir alle wurden in diese Welt hineingeboren, die von Rassismus geprägt ist.

Es ist unsere persönliche Entscheidung, unser eigener Wille, jedem Menschen mit Wertschätzung begegnen zu wollen.

Wertschätzung bedeutet nicht nur,
›nichts Negatives zu wollen oder zu tun‹,
sondern auch,
sich aktiv für Schutz und Wohl von Körper und Seele
jedes einzelnen Menschen einzusetzen.
Nicht nur gegenüber uns bekannten Menschen, sondern auch gegenüber Menschen, denen wir nie zuvor begegnet sind.

Wenn wir ein wertschätzendes Miteinander leben,
so glaube ich,
ist eine rassismusfreie Gesellschaft in unserer gemeinsamen Zukunft
möglich.

Heute weiß ich, dass ich viel mehr bin als das, was es mit mir machte.
Es raubte mir meine Stimme und mein Selbst.
Heute weiß ich, dass ich so viel mehr bin als das, was mir die Menschen
sagten. Heute weiß ich, dass ich nicht allein bin.

Der Weg war undurchsichtig und mühsam, aber es lohnte sich.
Ich fand meine Gemeinschaft.
Sie zeigte mir meine Stärke und ich fand meine Stimme.
Ich wurde laut.

Nie habe ich zu glauben gewagt, was für eine Willensstärke ich besaß.
Welche Hoffnung mich all die Jahre begleitet hatte.
Die Hoffnung auf eine Zukunft voller Freiheit und Sicherheit.
Die Sicherheit, mich zu lieben, so wie ich bin.

Diese freie Liebe
– mir und meinen Mitmenschen gegenüber –
uns mit Wärme zu begegnen und uns zu schätzen, so wie wir sind und
mit all unseren Facetten.

Gregorine Agbekponou

Der unsichtbare Schatten

Triggerwarnung: Rassismus

Tatort Kindergarten

Der Schatten wühlt im Sand. Baut Sandtürme. Unendlicher Sand. Unendliche Einsamkeit. Immer mit dabei – das kleine Mädchen. Rot, blau, grün, gelb. Die Farben auf ihrem Kopf. Ihre Zöpfe mit den bunten Haargummis, sie fallen auf. Kindergelächter auf Rutschen, Zweirad, Vierrad. Sie rennen. Sie spielen. Sie haben Spaß. Mittendrin das Mädchen mit den bunten Zöpfen. Unsichtbar. Nicht nahbar. Der Schatten an ihrer Seite. Stets anwesend. Die einzige Konstante, wenn sie sich allein fühlt. Der Schatten – nicht sichtbar, nicht nahbar. Ein Schatten, der genährt wird mit all den Eindrücken und Erlebnissen im Leben des jungen Mädchens. Er nimmt an Größe zu, je einsamer sie sich fühlt. Einsam, weil sie in diese Welt nicht hineinpasst. Wie sehr sie es auch versucht. Das Unwohlsein bleibt ein ständiger Begleiter ihres jungen Lebens. Einmal nicht gesehen werden. Nicht auffallen. Sich im Schatten verstecken. Von außen observieren. Eins werden mit dem unsichtbaren Schatten. Ein Kind, das sich annähert. Sie will spielen. Sie stellt sich dem Mädchen mit den bunten Zöpfen vor. Sie lacht. Sie ist interessiert. Das Mädchen mit den bunten Zöpfen fühlt sich wohl. Sie werden Freundinnen. Unzertrennlich. Der unsichtbare Schatten schrumpft in Momenten der Freude und des Vertrauens.

Tatort Grundschule

Es ist 10 Uhr. Die Pausenglocke. Der hässlichste und doch schönste Klang des Tages. Mit Pausenbrot und Freundinnen bewaffnet, macht sich das Mädchen auf in den Kampf. Der Schatten stets an ihrer Seite. Immer auf der Lauer. Kopf gebeugt. Unsichtbar. Nicht nahbar. Kinder schreien durcheinander. Jungen raufen sich. Mädchen kokettieren. Ja nicht auffallen, denkt sich der Schatten. Ja nicht in den Mittelpunkt geraten. Da war es. Das N-Wort. Gelächter. Der Schatten wird genährt durch Hass, Wut, Selbstzweifel. Nichts als Leere. Keinen Mut zur Widerrede. Ihre Kämpferinnen jedoch stets an ihrer Seite. Sie stehen ihr bei. Mutig beschützen sie das Mädchen. »Das sagt man nicht. Sie hat euch nichts getan.« Das Mädchen weiß, sie ist nicht allein. Ihre Mama sagt ihr immer: »Du musst dich wehren. Wenn dich jemand schlägt, schlag doppelt so fest zurück.« Gewalt mit Gewalt bekämpfen. Hass mit noch mehr Hass entgegentreten. Das Mädchen schafft das nicht. Sie bleibt ruhig. Kein Wort. Stille. Leere. Keine Wut. Kein Hass. Nur Unverständnis. Unter Tränen fragt sie ihren Gott: »Warum hassen sie mich? Was habe ich ihnen getan? Ich möchte ein Teil von ihnen sein. Warum nennen sie mich so?« In ihren Träumen ist sie stark. Selbstbewusst. Unbezwingbar. In ihren Träumen ist sie *weiß*. Sie ist deutsch. Sie hat goldenes Haar. Blaue Augen. Sie denkt, all das geht mit Stärke, Schönheit, Beliebtheit einher. Nachts unbezwingbar. Doch jeden Morgen ist da dieser Schatten über ihrem Traum. Unsichtbar. Nur für sie sichtbar. Groß. Unbezwingbar. Unnahbar.

Tatort Gymnasium

Langsam nehmen Selbstzweifel und Versagensängste in den ersten Wochen auf dem Gymnasium ab. Sie weichen Selbstvertrauen, Freundschaften und Gemeinschaft. Sie hatte anfangs Angst, es nicht zu schaffen. Ihre Lehrerin auf der Grundschule hatte nie an sie geglaubt. Sie sagte: »Aus dir wird nie etwas werden.« Doch das Mädchen hörte nie auf, für ihre Träume zu kämpfen. Sie möchte es jedem beweisen und am meisten sich selbst. Das kleine Mädchen. Sie ist gereift. Rote lange gelockte Braids. Volle Lippen, Stupsnase, kleine undurchdringliche Augen, groß, schlank. Die Schwärze ihrer Haut – kein Makel, pure Schönheit. *Cuz' Black is Beautiful.* Sie sagt es jedem. Sie sagt es sich selbst. Selbstliebe. Der Schatten dennoch stets an ihrer Seite. Sie braucht ihn. Er ist ihr Beschützer – vor anderen und vor sich selbst. Wut, Trauer, Verzweiflung. Alles gebündelt in ihrem Schatten. Stets abrufbar, wenn Gefahr lauert. Wenn blöde Sprüche kommen, sprudeln aus Wut, Trauer und Verzweiflung böse Worte aus ihr heraus. Kein gebückter Kopf. Erhobenen Hauptes. *Cuz' she is an African Queen. Wanted. Loved. Beautiful.* Und doch ist da der Schatten …

Tatort Universität

Neue Stadt. Bafög-Antrag, WG-Leben, neue Freund*innen. Sie ist eine junge Erwachsene. Voller Tatendrang. Ehrgeizig. Sie will ihre Familie stolz machen. Die Erste, die studiert. Sie möchte mithalten. Mit ihren Kommiliton*innen aus der wohlbehüteten Oberschicht. Der unsichtbare Schatten stets an ihrer Seite. Nicht nur Freund, sondern manchmal auch Auslöser und Katalysator der Selbstzweifel. Er bleibt. Solange sie ist, ist auch er da. Der Schatten, er bleibt als Erinnerung an Rassismus, Diskriminierung, Ausgrenzung und das Gefühl, anders zu sein. Der Schatten – er ist geduldig. Auch wenn das Mädchen aufblüht, glücklich und zufrieden ist, er findet immer einen Weg zurück in ihr Herz, zurück an ihre Seite. Partystimmung und Alkohol. Studierende erzählen von ihren Weltreisen, nervigen Profs, coolen Profs. Sie sind die Elite. Das zumindest suggerieren sie sich gegenseitig. Sie sind weltoffen. Tolerant. Man versteht sich. Rassismus hat in diesen Kreisen keinen Platz. Dennoch reißen ihre *weißen* Freunde gedankenlose rassistische *Witze* auf Kosten ihrer Herkunft, ihrer Schwarzen Hautfarbe, ihrer Identität. Wenn es nur Spaß ist, warum fühlt sie sich verletzt? Ihre negativen Gefühle kann sie in solchen Momenten mit Alkohol und aufgesetztem Lachen verdrängen. Warum lacht sie und doch wächst gleichzeitig der Schatten um sie herum? Sie versteht es lange Zeit nicht. Sie weiß nicht, dass es einen Namen dafür gibt. Sie versteht nicht, dass sie Mikroaggressionen ausgesetzt ist, die ihren Schatten füttern. Ihr Schatten. Unsichtbar. Unnahbar.

Heute

Black Lives Matter, George Floyd, Rassismuskritik in Deutschland, Afrikanische Diaspora in Deutschland, Afrodeutsch, Intersektionalität, *weiße* Privilegien und vieles mehr. Begriffe und Definitionen, die heute ein Teil der Medienlandschaft geworden sind. Das kleine Mädchen mit den bunten Zöpfen ist mittlerweile eine Frau, die ihre Identität gefunden hat – Sie ist eine afrodeutsche, Schwarze Cis-Frau. Communitys und Räume, virtueller und reeller Art, bieten heute Raum für Begegnung mit Gleichgesinnten, der früher gefehlt hat. Diese Räume sind eine Stütze, eine Inspiration und vor allem ein *Safe Space*. Die junge Frau hat ihre Stimme gefunden. Sie ist sichtbar, nahbar, nicht allein. Der Schatten ist wie eine alte Kiste, in der man wertvolle Erinnerungen aufbewahrt. Eine Kiste, die Trauer und Schmerz beinhaltet, aber auch Freude, Glück und Kraft. Diese Erinnerungen sind Teil von ihr, Teil von ihrer Identität. Der unsichtbare Schatten – heute ist er sichtbar, nahbar und laut.

C. H. T.

Ich bin … doch nicht wie ihr?!

Voller Kraft, da steh‘ ich.
Wer mich nicht kennt, der sieht mich nicht.
Wer ich bin, das weiß nur ich.
Wenn du nie fragst, verstehst du es nicht.

Von Beginn an anders, niemals gleich.
Für *weiß* zu Schwarz, doch auch stets für Schwarz zu *weiß*.

Ich weinte oft, konnt nie verstehen.
Wollt ihr andern‘ bloß die Farbe sehen?

Doch hätte ich zu viel auf andere gegeben, hätte ich wenig vollbracht.
Ihr habt mich zu dem heutigen Ich gemacht.

Ich bin eins aus zwei Welten:
Stark steh‘ ich heute hier.

Ich bin … trotzdem nie wie ihr.
Geh stets deinen Weg.
Denn auf Regen folgt Sonnenschein!

Rabiatou

Die Zwischenwelt als Chance

Immer wieder stolpere ich über den Satz, den ich mir in einem Beitrag des Buches Farbe bekennen mit gelbem Textmarker markiert habe:

»Die Zwischenwelt als Chance.«[1]

Der Raum, in dem ich mich seit jeher bewege, war für mich immer eingebettet in trostlose weiße Wolken.

Eingeengt war ich in zugeschriebenen Identitäten.

Zwischendrin verzweifelt, als wäre mein wahres Ich ein wohlbehütetes Geheimnis.

Hab' mich immer gefragt, ob die eigene Identität in die Weiten des Vergessenen verdrängt wird, wenn die Luft in weißen Räumen dem kältesten Nebel gleicht.

Hab' mich immer gefragt, ob ein Mensch den Grund unter den Füßen verliert, wenn alles, was er darf, zwischendrin zu schweben ist?

Ich füge mich.
In zersplitterten Scheiben, ganz leise, und merke, wie sich Phrasen und Verhaltensweisen wie ein Schleier auf mein Gesicht legen.
Verweile in tagelangem nachklingendem Echo, weil mich niemand hört.
Verweile im Echo, das allmählich andere Farben annimmt. Ein Echo, das zwischen den Wolken, in den schönsten Klängen, den Horizont erhellt.

Die Zwischenwelt als Chance, lese ich.

---

1 Ayim/Opitz, 2020, S. 187 ff.

Das Anerkennen meiner selbst lässt mich sichtbar werden. Lässt mich mein Sein in vollen Zügen ausleben und den Zwischenraum in all seinen extremen Gefühlen, Erinnerungen und Erlebnissen ausfüllen.

Ohne mir etwas abzusprechen.

Ohne mir etwas aufzudrücken.

Ohne mich zu unterdrücken. Mich dem unendlich groß werdenden Druck der Anpassung mit aufrichtigem Herzen entziehen zu dürfen.

Mich nicht mehr in Hälften zu teilen.

Mich als Ganzes wahrzunehmen.

Sichtbarwerden bedeutet, den Schleier abzulegen. Nicht mehr sprachlos zu sein und mich in meiner Ohnmacht zu verlieren. Es bedeutet, nicht dauernd von links nach rechts zu taumeln. Mich nicht ständig zu verbiegen, um nicht jeden Abend zerbrochen nach Luft zu schnappen.

Sichtbarwerden heißt, jahrelang verwachsene Verletzungen ohne Pflaster zu sehen und die Wunden sanft zu streicheln. Ihnen erlauben, unverdrossen zu heilen.

Vollkommen zu heilen.

Die Zwischenwelt als Chance, lese ich wieder und wieder.

Und lächle.

Denke an all meine Geschwister und lächle.

Wie wir zusammen heilen dürfen, denke ich.

Wie wir miteinander sichtbar werden, spüre ich.

Und gemeinsam den Raum ausfüllen.

Als Ganzes.

Meieli Borowsky-Islam

Zwischen Tupperware und Plátano frito

Die Idee zu dem Titel für diesen Essay hat ihren Ursprung in einer Podiumsdiskussion, die ich moderieren durfte. Eine Bekannte DJane aus Wuppertal namens *Gin Bali* benutzte Tupperware, um den Unterschied zwischen deutsch und kurdisch sein zu markieren. Ich fand dieses Beispiel so treffend, weil es mir aus meinem Leben so bekannt vorkam. Tupperware als Statussymbol, aber gleichzeitig auch als ein Symbol fürs gutbürgerliche Deutschsein; die Füllung ebendieser jedoch alles andere als eine gut bürgerlich deutsche Graubrot-Käsestulle. Bei der Podiumsdiskussion erwähnte ich, dass ich zuvor mit meinen Schulfreundinnen, mit denen ich 2022 mein 20-jähriges Freundinnenschaft-Jubiläum feiere, im Restaurant essen war und dass sie mir gestanden hatten, dass sie immer neidisch auf meine Brote belegt mit *Peanutbutter* und *Jelly* oder *Chorizo* und Manchegokäse gewesen seien, wohingegen ich total neidisch auf die normalen Käse- oder Marmeladenbrote war. Das Gras ist halt immer grüner auf der anderen Seite, heißt es doch so schön. Was ist jedoch, wenn du beide Seiten kennst und eigentlich auch Zugriff darauf hast, aber eben nie ganz? Wie eine Reisende, die immer zwischen zwei Gärten hin und her reist, aber nicht immer freiwillig, sodass sie das Gefühl hat, ständig die schlechtere Seite erwischt zu haben. Dabei bezieht sich das ›nicht freiwillig‹ auf die Abhängigkeit gegenüber den Eltern oder Betreuenden, von der sich kein Kind freisprechen kann. Denn als Kind habe ich mich tatsächlich oft so gefühlt. Mein einer Garten bestand aus einer *weiß* dominierten Tupperware-Gesellschaft, in die ich versuchte hineinzupassen. Mein anderer Garten bestand aus dem möglichen Inhalt dieser Tupperware, den unfassbar leckeren frittierten dominikanischen Kochbananen, die mich zwar lockten, aber für die ich mich nicht freiwillig entschieden hätte. Denn für mich war ganz klar, dass *Plátanos* nicht in Tupperdosen gehören. Für alle, die sich jetzt überhaupt nicht vorstellen können, wie zum Teufel frittierte Bananen aussehen, am Schluss dieses Kapitels werde ich noch ein kleines, aber feines Rezept anhängen. Aber erstmal zurück zur möglichen Füllung. Für mich war das Bild von *Plátanos fritos* in Tupperdosen lange Zeit nicht vorstellbar. Für mich waren diese zwei vermeintlichen Gegensätze nicht zusammenzubringen, sie standen sich immer gegenüber und stellten mich damals, als unsicheres, junges und kleines Mädchen, ständig vor die Wahl. Entweder bin ich deutsch oder ich bin dominikanisch. Meiner dominikanischen Familie war ich dabei nie ausreichend dominikanisch und der Gesellschaft nie ausreichend deutsch. Diese Wahl manifestierte sich auch in der Sprache. Entweder – oder ... Und Spanisch konnte ich nie perfekt! Erst an der Universität lernte ich, welche Gabe *Codeswitching* ist. Und wie vorteilhaft und bereichernd das *Switchen* zwischen den mentalen Lexika sein kann. »Codeswitching bezeichnet in der Linguistik einen Vorgang, bei dem die Sprecher innerhalb einer Äußerung oder innerhalb eines Textes bzw. Dialoges von einer Sprache in eine andere wechseln. Es wird auch Sprachwechsel, Kodewechsel oder Kode-Umschaltung genannt«.[1] Das mentale Lexikon beziehungsweise die mentalen Lexika stehen für die Art und Weise, wie das Gehirn Wörter und deren Bedeutung strukturiert, organisiert und abspeichert. Die mentalen Lexika, auf die beim Sprechen und eben auch beim Switchen zugegriffen wird, stellte ich mir lange Zeit wie geschlossene Bücher vor, dabei war mein deutsches Lexikon ständig geöffnet und schloss sich nur für kurze Zeit, wenn ich Spanisch sprach, denn dann war ja das spanische Lexikon geöffnet. Das gleiche passierte bei meinem französischen Lexikon und später auch bei meinem Englischen. War also das eine geöffnet, musste sich das andere schließen. Ein paar Wörter kamen mir beim Lernen der französischen Sprache aus dem Spanischen bereits bekannt vor. Aber anstatt diesen Vorteil zu nutzen und beide Lexika gleichzeitig zu öffnen, blieb ich dabei und ließ immer nur eins geöffnet. Weil ich Angst hatte, beide Sprachen zu vermischen und dann Fehler beim Sprechen zu machen. Wie bereits angekündigt erkannte ich erst durch die Universität, welchen Sprachschatz ich eigentlich besaß. Durch die französische Grammatik lernte ich endlich, die deutsche Grammatik besser zu verstehen. Auf einmal fielen mir so viele Dinge leichter. Fiel mir mal ein Wort nicht in der einen Sprache ein, suchte ich im Lexikon der anderen und plötzlich wusste ich wieder, welches Wort ich meinte. Von einem geöffneten Lexikon auf inzwischen fünf geöffnete Lexika angewachsen hatte ich einen enormen Reichtum an

1 Bußmann 1990, Földes 2005.

Wissen erlangt. Frau muss nur wissen, wie Frau ihn nutzt. Denn eigentlich waren die Lexika immer da, ich hätte sie nur öffnen müssen. Die Frage, die sich nun stellt, ist mehr als berechtigt: Wieso habe ich das nicht gemacht? Und wieso machen es noch ganz viele andere Menschen ebenfalls nicht? Denn das ist meine These: Viele junge Menschen, insbesondere *FLINTA*-Personen mit internationaler Familiengeschichte, kennen dieses Problem, das eine Lexikon zuzuschlagen, um das andere zu benutzen oder, größer gedacht, einen Teil der Kultur der Persönlichkeit zu unterdrücken, um in den anderen hineinzupassen. Das geschieht auf vielen verschiedenen Ebenen und in vielen Facetten. Dabei ist nichts in Stein gemeißelt und wir sind alle Individuen, die unterschiedlich agieren und reagieren, so stellt meine These überhaupt kein Alleinstellungsmerkmal oder eine Kategorie von richtig oder falsch auf. Denn es gibt auch Menschen, die genau gegenteilig zu meiner These handeln oder für die dieses Thema wenig bis gar keine Relevanz hat, und noch ganz viel dazwischen. Trotzdem sind alle herzlich eingeladen, meinem Gedankengang zu folgen, insbesondere jene, die sich dadurch angesprochen fühlen.

Wieso habe ich meine Lexika getrennt und verschlossen gehalten? Ich denke aus Angst. Aus Angst, Fehler zu machen. In einer Welt, in der Fehler als etwas Schlechtes angesehen werden, die es zu vermeiden gilt. Ich versuchte so wenig Fehler wie nur möglich zu machen und übersah dabei den Fakt, dass mein Vorgehen der eigentliche Fehler war. Denn aus Fehlern lernen wir, wir müssen uns nur trauen, sie zuzulassen. Weil das mentale Lexikon und meine Vorstellung davon genau wie die Tupperware in diesem Text als Sinnbilder stehen, möchte ich auch nochmal den Gedanken größer fassen. Wieso habe ich solange Teile meiner selbst unterdrückt? Aus Angst sonst nicht hineinzupassen. Aber worein? Wir leben in Deutschland in einer weiß dominierten Gesellschaft, meiner sogenannten Tupperware. Der Inhalt, egal wie er aussehen mag, steht für die Individuen, die diese Gesellschaft ausmachen. Wir entscheiden also maßgeblich mit, was für eine Gesellschaft wir sein wollen, welche Inhalte in die Tupperdose hinein sollen. Die Dose selbst gibt nur die Rahmenbedingungen vor. Ohne Inhalt bleibt sie aber einfach leer. Es gibt kein Außen, kein Gegenüberstellen von Essen. Das Essen gehört dort hinein; auch wenn es kein Goudakäsebrot ist (Das witzige daran: Gouda ist nicht mal deutsch und stellt trotzdem den Prototypen der deutschen Tupperware-Inhalte dar, nicht mal Tupperware ist deutsch). Was haben die *weiß* dominierten Rahmenbedingungen für einen Wert, wenn der Inhalt so vielfältig und bunt ist? Eigentlich sollten sie keinen haben, wenn aber die Rahmenbedingungen die Strukturen *weiß* positionierter Menschen (meine Käsestullen) begünstigen, dann ist es nicht sonderlich verwunderlich, dass nicht-*weiß* positionierte Menschen ihren Reichtum an Wissen und Sprache lieber leugnen, als davon zu profitieren. Was passiert aber, wenn wir, damit meine ich den Inhalt, anfangen die Rahmenbedingungen an uns anzupassen, dann sind es eben nicht mehr wir, die sich anpassen müssen, sondern die Tupperware muss es. Zieht sie nicht mit, tauschen wir sie einfach aus. Plastik verschmutzt sowieso unseren Planeten. Vielleicht wird es Zeit auf nachhaltigere Brotdosen umzusteigen. Wir entscheiden und bestimmen mit, wie wir unsere Gesellschaft gestalten wollen, weil wir Teil davon sind. Ich für meinen Teil benutze noch Tupperdosen, aber mein Inhalt bleibt bunt und vielfältig, manchmal habe ich sogar Lust auf eine vegane Käsestulle und manchmal ist es eben keine Tupperdose, die ich dafür benutze.

Rezept für eine Portion Plátanos fritos nach Mamas Art

– Eine grüne Kochbanane (gibt es im Asia- oder Afroshop)
– Öl zum frittieren

Die Kochbanane längst schälen und in zwei oder drei Zentimeter runde Scheiben schneiden. Etwa 300 ml Öl in einer Pfanne, am besten einen Wok oder eine ähnlich tiefe Pfanne, auf Stufe 7 oder 8 erhitzen. Die Scheiben hineinlegen und ca. fünf Minuten anbraten lassen. Dann alle Scheiben rausholen und mit einem Stampfer einzeln pressen, sodass die Scheiben schön flach werden. Sollte kein Stampfer vorhanden sein, kann alternativ auch ein Topf, ein Küchenbrett o.ä. zum Pressen verwendet werden. Die flachen Scheiben auf einem Teller beiseitestellen und eine kleine Schüssel mit kaltem gesalzenem Wasser vorbereiten. Die flachen Bananenscheiben in das Salzwasser tauchen, direkt wieder herausholen und in der Pfanne auf höchster Stufe braten bis sie knusprig und goldbraun sind. Nach dem Herausholen mit etwas Salz bestreuen und genießen. Als ganze Mahlzeit ist die traditionelle Kombination mit dominikanischer Salami einem Spiegelei und Avocado zu empfehlen, für die vegane Variante empfehle ich die vegane Chorizo von dm, kein Ei, dafür Salat. *Buen Provecho* – Guten Appetit!

Idzumi Neumärker

Der weiße Teil in mir

Triggerwarnung: Rassismus, Sexismus, Gewalt

Wer bin ich?

Ich bin das Kind. Ich bin die Mutter.

Das Kind, das nirgends hingehört.
Das Kind mit den komischen Augen oder Haaren, je nachdem, in welchem Land wir gerade sind.
Das Kind, das seltsam angezogen ist.
Das Kind, das viele Sprachen versteht. Besonders die ohne Worte.
Du gehörst nicht dazu, verstehe ich ohne Worte.

Ich bin *weiß*.
Geh nicht in die Sonne, davon wird deine Haut schmutzig, sagen sie.
Ich bin *weiß*. Du bist anders, sagen sie.

Ich bin das Kind, das vermittelt und übersetzt. Ich kann gut Deutsch, meine Mutter nicht.
Ich bin verantwortlich. Ich bin stark.
Ich bin das Kind, das den Raum lesen kann. Das unsichtbare Kind.
Ich bin *weiß*. Warum schlagen sie mich, warum bespucken sie mich, warum treten sie nach mir?
Ich bin das Kind, das überlebt.

Ich bin Akademikerin. Ich habe in vier Ländern studiert und zwei Titel.
Ich bin Analphabetin. Meine Kraft reicht nicht aus für alle Schriftzeichen meiner Sprachen.
Du bist so wunderbar exotisch, sagen sie.
Ich bin *weiß*. Ich bin eine Frau.

Du hast ein männliches Gehirn, sagen sie. Du bist so analytisch und rational.
Ich bin Naturwissenschaftlerin. Ich bin Unternehmerin. Ich bin Kultur- und Sozialwissenschaftlerin.
Ich strenge mich an. Ich arbeite hart.

Du bist *Person of Color*, sagen sie. Du bist eine von uns. Du bist nicht *weiß*.
Was ist eigentlich ein männliches Gehirn?
Ich bin die, die nie weint.

Ich bin Trainerin. Expertin für Interkulturelle Zusammenarbeit.
Wir wollen uns alle gut verstehen. Wir achten Werte. Wir sind alle gleich.
Wir sind professionell. Wer leistet, ist hier richtig. Alle haben dieselben Chancen.

Ich bin Managerin. Ich löse Probleme.
Ich bin eine Frau. Männer ticken anders, sagen sie. Du gehörst nicht dazu, übersetze ich.
Ich bin die, die funktioniert.

Wir sehen keine Hautfarben, sagen sie. Du bildest Dir alles nur ein.
Ich bin *weiß* ... Es ist nicht so wichtig.
Ich bin müde.

Du bist die Einzige, die mich versteht, sagen sie. Dir kann man vertrauen.
Ich bin ... nicht *weiß*?
Ich sehe die, die niemand sieht. Die sich unsichtbar machen.
Ich sehe Überlebende.

Ich bin ... nicht *weiß*!
Ich bin die Liebende, Neugierige, Leidenschaftliche.
Ich bin Musikerin. Malerin. Gastgeberin.
Ich bin Heilerin. Für mich und für andere.

Ich bin Mutter.
Mein Kind, Du musst nicht funktionieren. Alles an Dir ist vollkommen.
Es ist die Welt, die falsch ist, nicht Du.
Du bist ein Mensch, lebendig, schön.
Ich sehe Dich. Ich halte Dich.
Sei, wer Du sein möchtest.

Wer bist Du?

Tebogo R. Mazibuko

Auch ich entscheide, wer ich bin

Welch ein befreiendes Gefühl zu entdecken, dass es viele Dinge gibt,
über die auch ich entscheiden kann:

Meine grenzlosen Träume
Wie ich mich selber definiere, entfalte & schätze
Meine individuelle Vielfalt, in & mit der ich mich wohl fühle
Mein Purpose, durch welches ich mein Licht in die Welt scheine
Meine Schönheit – auch wenn diese nicht öffentlich anerkannt wird
Und Unendliches mehr!

Genau!

Auch DU entscheidest, wer Du bist & sein magst!

Anna Mendel

Bye, weißes Schönheitsideal

Es ist Frühling. Lachen liegt in der Luft, es ist herrlich warm, das Leben findet wieder draußen statt. Ich habe Lust auf neues Make-up und betrete den dm. Was Leichtes fänd ich schön, vielleicht 'ne getönte Tagescreme und dazu 'nen frischen Pfirsichton für die Wangen. Ich schaue mir die Auswahl an. Das Promobild verspricht mir mindestens zwei Töne für BIPoC. Hm. Hell, beige, dunkel. Die wollen mich doch verarschen. Ah, ok, hier gibt's was. »Mehr Töne finden Sie online.« Ja und dann?, möchte ich schreien, dann halt' ich meinen Arm hin und such' was aus? Da kann ich auch gleich die teuren amerikanischen Marken bestellen, die kann ich zwar auch nicht testen, aber von denen kenne ich die Nuancen schon. Ey, ein Mal so weiß sein wie alle anderen Frauen, die ich kenne. Die in den Laden gehen, ins Regal greifen, ein 5 €-Produkt kaufen können. Bäm, fertig.

Gehe ich in meiner Vergangenheit zurück bis zu dem Moment, als ich zum ersten Mal verliebt war, bin ich automatisch auch wieder an dem Punkt, an dem ich das erste Mal neidisch auf weiße, blonde, große Frauen war. Ich bin in einem Stuttgarter Vorort aufgewachsen, adoptiert aus Indonesien, meine Umgebung war weiß, meine Familie war fast ausschließlich weiß. Ich bin mit der Sozialisierung aufgewachsen, dass nur weiße Jungs und Männer attraktiv sind und im Zuge dessen auch, dass nur weiße Mädchen und Frauen attraktiv sind. Wann immer ich unglücklich verliebt war oder einen vergeblichen Crush hatte, war ich felsenfest überzeugt, dass es daran lag, dass ich braune Haut habe und nicht blond bin. Über die Jahre manifestierte sich ein Feindbild in mir. Die weiße, blonde, attraktive Frau. Die Natürliche, die in Jeans und T-Shirt einfach gut aussah, die unkompliziert war, das Mädchen von nebenan quasi, eine gute Freundin, die mit dem einnehmenden Wesen und dem hellen Lachen. Die, die ich niemals sein könnte, egal wie sehr ich abnehme, meine Haare färbe oder versuche, unkompliziert zu sein. Viele Jahre konnte ich mit solchen Frauen nicht befreundet sein. Ihr

Licht schien tausend Mal heller zu strahlen als mein eigenes. In sie würde sich jeder meiner Partner auf jeden Fall gleich verlieben. Das Risiko konnte ich nicht eingehen.

Denn ich selbst war ja auch nur mit weißen Jungs und Männern in Beziehungen, ganz so wie es meiner Sozialisierung mit ihrem subtilen oder manchmal auch nicht so subtilen Rassismus entsprach. Es hat ganz schön lang gedauert, bis ich all die Komponenten zusammen hatte, um herauszufinden, dass nicht ich das Problem war, sondern mein ganz persönliches Schönheitsideal, in dem weder braune Haut noch schwarzes, glattes, dickes Haar vorkamen.

Schönheit an sich wurde mir immer als eine Kombination aus Optik, Darstellung und Charisma verkauft. Nichts davon hatte ich. Mein Gesicht war unförmig, ich trug die falsche Kleidung, ich versprühte keinen Charme, ich war kompliziert, im Sommer wurde meine Haut nicht goldfarben, sondern tiefbraun. Jede Narbe war so voller Melanin, dass sie auch Jahre später dunkel hervortrat.

In Tutorials gab es keine Augen wie meine. Einen Lidstrich zu ziehen, funktionierte so einfach nicht für mich. Und dann die Farbe auf die Lidfalte aufbringen, wie soll das gehen? Wie krieg ich das hin, dass das so aussieht wie bei der Frau auf dem Bild? Ich habe nie von jemandem gelernt, mich richtig zu schminken, welches Make-up, welche Farben zu mir passen. Bei Farbtypenbestimmungen gab es höchstens braunes Haar und olivbraune Haut. Foundation und Concealer waren grundsätzlich zu hell, zu gelb, zu rosa. Schwarzes Haar kam nicht vor, neutraler Unterton kam nicht vor. Ich war ein bisschen Herbst, ein bisschen Wintertyp. Aber Letzterer war ja blass. Blass wird mit nobel und edel gleichgesetzt. Braun war man nicht im Winter.

Gleichzeitig musste ich mir immer anhören, dass ich mit meiner Haut ja alles tragen könnte. Es war Bewunderung und ein Vorwurf gleichzeitig. »Die Farbe macht mich blass ... Ich kann das nicht tragen ... An dir sieht die bestimmt toll aus.« Ich fühlte mich, als müsste ich mich dafür entschuldigen, dass knallige Farben gut aussehen an mir. Und da ich nicht auffallen wollte, trug ich in meinen 20er-Jahren gedeckte Farben, keinen knalligen

Lippenstift, kein pink, kein gelb, kein lila, keinen Lidstrich, weil ich meine Augen ja nicht noch zusätzlich betonen wollte. Letztlich hatten sie ja nicht die richtige Form.

Erst mit 30 kam es mir langsam: Wenn ich Schönheit an mir und in mir sehen will, muss ich sie selbst (er)schaffen, mich wahrnehmen und alles andere anpassen, nicht andersrum. Ich konnte das System nicht ändern und musste innerhalb dessen agieren, aber habe mir mit den Jahren so viele Strategien zurechtgelegt, dass sie sich nicht mehr wie Strategien anfühlen. Friseur*innen beklagten sich grundsätzlich, dass mein Haar so dick sei, das wäre ja total schlecht zu schneiden, deswegen rieten mir viele zu Langhaarfrisuren. Meine Vorstellung von Schönheit umfasste aber neben langen, blonden Haaren auch eine Abneigung gegen lange, schwarze Haare an mir selbst, weil ich keinem asiatisch gelesenen Klischee entsprechen wollte. Und so hatte ich die Wahl zwischen Leuten, die mein Haar nicht richtig schneiden konnten und dem Widerstreben, ein Klischee zu sein.

Apropos Klischee: Für viele Leute waren meine Körperform und mein Gewicht nie asiatisch genug. Mit 168 cm war ich ihnen wohl zu groß. Da kann ich halt nix machen. Trotzdem wurde ich immer gefragt, warum ich denn so groß sei, wenn ich doch in Indonesien geboren worden sei. ›Nicht alle in Asien geborenen Menschen sind klein, weil du das so in deinem Kopf hast, Doofkopf.‹ Wollte ich sagen, brachte ich aber nicht raus. »Keine Ahnung«, sagte ich stattdessen, »so groß bin ich ja nun auch nicht.« Mein Gewicht war schon eher ein Ding. »Asiatinnen sind doch immer total dünn. Aber ist ja klar, die ernähren sich nur von Reis.« Meist rollte ich innerlich mit den Augen und zuckte mit den Schultern, obwohl ich was hätte sagen sollen. Es stimmte auch, dass ich mit den Jahren immer mehr zunahm und nach jeder Schwangerschaft noch ein paar Kilos zulegte. Dem asiatischen Klischee entsprach ich also schon eine Weile nicht mehr, spätestens als ich mir die Hälfte vom Kopf rasierte. So richtig passte ich weder in die eine noch in die andere Ecke. Ein ewiges Dilemma in meinem Leben.

Irgendwann streifte ich all diese Gedanken ab, mir war egal, dass ich nicht weiß war, denn meine Haut ist großartig. Um sie noch mehr hervorzuheben, habe ich mir mehrere Tattoos machen lassen, was die Leute natürlich noch mehr starren lässt, aber sollen sie ruhig. Ich benutze in erster Linie Make-up, das ich als ›bold‹ bezeichnen würde – auffällig. Ich habe mir ein paar Jahre lang durch Selbstversuche beigebracht, wie ich Make-up so verwenden kann, dass sie meine Gesichtszüge, die weit von denen *weißer* Frauen abweichen, gut hervorheben. Knubbelnase, dicke Lippen, wenig vorhandene Lidfalte. All das bestreiche ich morgens in aller Liebe mit Puder und Farbe und gebe mir selbst ein »Oh, Yeah« am Ende. Mein ›Oh Yeah‹ war eine Weile lang so laut, dass ich Lust hatte, mich zur Make-up Artist für BIPoC ausbilden zu lassen. Mich hielten aber nicht nur die 8.000 € Gebühr ab, sondern auch der Gedanke, dass es wieder niemanden gibt, die/der mich richtig hätten ausbilden könne, denn laut meiner Recherche waren hier im Großraum Stuttgart die Ausbildungsschulen alle durchweg an weißen Kund*innen orientiert. Es nimmt wirklich kein Ende, niemals.

Trotzdem habe ich beschlossen, dass es bei mir ein Ende hat. Hier und jetzt. Klischees und Schönheitsideale ließ ich hinter mir und zusammen mit *Bodypositivity* (den eigenen Körper lieben) und mehr noch *Bodyneutrality* (der eigene Körper muss nicht schön sein) erschuf ich nach der Geburt meiner Tochter im November 2020 ein völlig neues Bild von mir. Da ich zehn Kilo mehr wog als vorher, musste ich mich neu einkleiden, was mir zum Glück mit einem vollen Konto recht gut gelang. Ich hatte das Gefühl, neu anfangen zu können und ich entschied mich fast ausschließlich für bunte und auffällige Kleidung. Ich wollte mich nicht mehr verstecken, ich wollte nicht mehr darauf achten müssen, irgendetwas nicht mehr zu entsprechen. Ich wollte den Kommentaren wie »Der Pulli sieht toll zu deiner Hautfarbe aus« nicht mehr ausweichen. Ich wollte sie provozieren, ihnen begegnen und darauf antworten: »Meine Hautfarbe hat nichts damit zu tun!« Ich wollte vor dem Spiegel stehen, mein Spiegelbild betrachten und »Oh Yeah!« sagen. Und so ist es jetzt auch. Jeden Tag aufs Neue.

Merve T.

Wie sehr darf ich mich diskriminiert fühlen?

Triggerwarnung: Homofeindlichkeit und Rassismus

»Türken sind gar keine *PoC*[1]« und »Lesbisch zu sein und ein *Coming-out*[2] zu haben, ist vielleicht kritisch, aber nicht so schwerwiegend, wie ›trans‹ zu sein«

Da sind Aussagen, die mich geprägt haben und dazu führten, dass ich mich und meine Werte überprüfen musste.

Das erste Mal, dass ich übers Lesbischsein nachgedacht habe, war mit 16 Jahren. Das erste Mal, dass ich realisiert habe, nicht Deutsch zu sein und nicht wirklich dazuzugehören, das war mit 18. Viel ist seitdem passiert und beide Erkenntnisse haben mir die Augen geöffnet und dazu geführt, dass ich mich mehr mit mir beschäftigt habe und damit, wer ich eigentlich bin.

Wer bin ich, wenn ich das Wort ›Docht‹ nicht kenne und auch keine sieben Geschwister habe, wie von mir erwartet wird. In meiner Familie war ich immer die Deutsche, weil ich gutes Hochdeutsch gesprochen habe und mein Türkisch so lala war. Wenn auf den etlichen türkischen Hochzeiten, auf die meine Eltern mich mitgenommen haben, getanzt wurde, habe ich immer die Zeit heruntergezählt, bis ich wieder nach Hause gehen konnte. Es war zu laut, ich kannte die Personen nicht, die geheiratet haben (das ist oft so auf Hochzeiten, bei denen 500 Personen eingeladen werden) und konnte mich weder mit der Musik noch mit dem Getanze anfreunden. »Ich kann nicht tanzen«, haben meine Cousinen als Ausrede nie akzeptiert, denn sie waren

---

1 engl. People of Color.

2 Anders & Gleich, 2022. Ein Prozess und der Entschluss, mit der eigenen sexuellen Orientierung oder geschlechtlichen Identität an die Öffentlichkeit zu gehen.

natürlich sehr gut darin und konnten sämtliche türkischen Tänze mittanzen. Da konnte ich mit meinem null Rhythmusgefühl nicht mithalten. Je älter ich wurde, desto weniger konnte ich mich mit ihnen identifizieren. Aber das ist halt manchmal so beim ›Erwachsenwerden‹, oder?

Zurück in Hannover, war ich dann wieder weder deutsch noch türkisch und stets irgendwo dazwischen. Ich habe vieles nicht verstanden, zum Beispiel warum meine Mutter mein Pausenbrot in Alufolie einwickelte, während die anderen Mitschüler*innen gute Tupperwareboxen hatten, oder warum ich immer gefragt wurde, welche Sprache ich zu Hause spreche und was ich von Erdogan halte. Ich musste mich immer erklären und rechtfertigen und konnte oft nicht einfach existieren. Obwohl ich eigentlich eine starke Selbstaufmerksamkeit (*self-awareness*) habe, begann ich leider erst über mein wahres Ich, meine wahre Identität, nachzudenken, als mein Ich mit gezielten Sätzen infrage gestellt wurde und so in mir eine ›Wir vs. Ihr‹-Mentalität hervorgerufen wurde.

Bis dato hatte ich nur existiert und nicht darüber nachgedacht, wer ich wirklich bin. Ich hatte mich eher über simple Dinge wie meine Schule, die Familienkonstellation und Lieblingsserien definiert, aber wer ich außerhalb dessen war, war mir nicht bewusst. Ich habe nicht direkt einordnen können, warum ich mich so seltsam gefühlt habe, als ich gefragt wurde, warum ich denn nur einen Bruder hätte. Das wäre ja bei Leuten *wie* ›mir‹ (Personen mit Migrationsgeschichte oder anders gesagt ›Ausländer*innen‹) doch eher unüblich. Ich war zu sehr fokussiert darauf, mein Abitur zu schaffen und habe, obwohl ich nicht schlecht in der Schule war, immer an mir gezweifelt. So haben die Angst vor dem Nichtbestehen des Abiturs und die Weiterführung des Erbes meiner Familie überhandgenommen und ich habe mich nicht weiter mit meiner Identität, meinen Wünschen und Zielen, auseinandergesetzt.

Nach dem Abitur habe ich mich entschieden, in Göttingen zu studieren, und einen Bachelor in American Studies und Kulturanthropologie angefangen, weil ich ja gut in Englisch und Geschichte war. Falsch gedacht. Als ich an der Universität war, habe ich direkt gemerkt, dass ich die einzige Nicht-*Urdeutsche* war und alle meine Kommiliton*innen entweder ein Jahr im englischsprachigen Ausland verbracht hatten oder aus einem akademischen Umfeld kamen und von ihren-Eltern bei der Studienfachwahl unterstützt worden waren.

Meine Eltern haben das alles mir überlassen, weil sie keinerlei Erfahrung mit der Studiengangsfindung hatten. Meine Mutter meinte: »Merve. Ich vertraue dir. Tu das, was dir Spaß macht.« Den einzigen Rat, den sie mir geben konnte, war: »Merve, die Distanz zwischen Hannover und Göttingen ist anstrengend auf Dauer (fürs Ausziehen war es noch zu früh und ich hatte kein Recht auf BAföG). Studier' lieber in Hannover.« Letztlich habe ich mich für Göttingen entschieden, da mein damaliger bester Freund auch da studiert hat und immer gependelt ist.

Der Sommer vor dem Wintersemester 13/14 war interessant, denn ich habe meine jetzige Partnerin kennengelernt, unwissend, dass ich so tief ›*in the closet*‹[3] war und ich sie nicht nur als sehr gute Freundin mochte. Zu der Zeit war sie das Einzige, worauf ich mich gefreut habe. Ich habe absolut schlechte Noten im Studium erbracht und bin einfach nicht mitgekommen. Das war nicht das, was ich studieren wollte. Das Pendeln ließ meinen Drang, das Studium abzubrechen, immer stärker werden, aber letztlich ließ ich mich zu einem Studienwechsel umstimmen. Nun studierte ich im 2-Fach-Bachelor American Studies und Turkologie. Ja, Turkologie, die Wissenschaft von der Sprache und Kultur der Turkvölker. Warum? Ich weiß es nicht. Vielleicht war es ein innerer Drang, meiner Kultur näher zu sein und mehr über mich und meine Geschichte zu erfahren. Und es war zweifellos das Fach, das am besten zu American Studies passte, denn ich musste ein Zweitfach wählen. Es war allerdings absehbar, dass dies nur eine Zwischenlösung war. Ich hatte nämlich ganz andere Sorgen: Ich war verliebt.

Während dieses ganzen Uni-Chaos und hatte ich jeden Tag mit meiner Freundin geskypt. Wir waren ja nur sehr gute ›Freundinnen‹. Bei jedem Gespräch kamen wir uns näher, aber keine von uns hat jemals darüber nachgedacht, dass da vielleicht mehr sein könnte. So sehr waren wir gefangen in einem Weltbild, das von Heterosexualität geprägt war. Lesbisch sein und keinem in den Medien vorgelebten Stereotypen entsprechen? Das ging nicht. Ich kannte nur Hella von Sinnen und ich sehe ja nicht so aus wie sie, ergo kann ich ja nicht lesbisch sein, oder?!

---

3 engl. ›im Schrank‹. Dieser Schrank symbolisiert die Enge und das Eingesperrtsein in den Normen einer Gesellschaft, die Heterosexualität und das binäre Geschlechtermodell (Mann, Frau) oft als einzig mögliche Lebens- und Liebensmodell betrachtet.

Ich bin stets davon ausgegangen, einen Mann zu heiraten. Und selbst, wenn ich ihn nicht lieben würde, würde ich trotzdem mit ihm zusammenbleiben, denn so ist das ja. Im Leben konnte ich mir ausmalen, irgendwelche anderen Gefühle als freundschaftliche für einen Mann zu empfinden.

Im Januar 2014 entschied ich mich, mir zum Geburtstag eine finanzielle Unterstützung für einen Flug nach Kanada zu wünschen, um meine Freundin dort zu besuchen. Zu diesem Zeitpunkt waren wir ja nur Freundinnen und ich wollte schon immer mal nach Kanada!

Im Juli 2014 flog ich also für zwei Wochen nach Montreal. Ich bin bis heute fest davon überzeugt, dass meine Eltern nur einwilligten, weil ich nie irgendwas ›falsch‹ gemacht hatte. In Montreal wurde uns beiden aber ziemlich schnell klar, dass das mehr als Freundschaft ist, und so sind wir uns noch nähergekommen.

Ab dem Zeitpunkt habe ich mental einen *Cut* gemacht und realisiert, dass ich in Bezug auf meine Persönlichkeit und meine wahre Identität noch sehr viel herauszufinden habe.

Zurück in Deutschland hat alles auf einmal Sinn gemacht und auch keinen Sinn gemacht. Bin ich jetzt lesbisch? Aber ich sehe doch nicht so aus? Kann ich lesbisch sein? War ich es immer oder liegt es an meiner jetzigen Freundin?

Nun habe ich es mir auch nicht einfach gemacht: Meine erste große Liebe wohnt auf der anderen Seite des Atlantik, ich weiß nicht, wann ich sie wiedersehen werde, ich bin anscheinend lesbisch, ich studiere etwas, das ich überhaupt nicht studieren will und meine Eltern, bei denen ich lebe, haben keine Ahnung, was in mir vorgeht.

Es folgten Wochen, in denen ich viel weinte, denn mit meinem Umfeld konnte ich diese neue Erfahrung nicht teilen. Ich hatte Angst, mich zu öffnen, aber das Gefühl, welches maßgeblich überwog, war Scham. Ich hatte eine sehr große, internalisierte Homophobie, so groß, dass mein lesbisches Ich in einer Parallelwelt in Montreal existierte, aber niemals in Hannover, meiner Heimat. Alle negativ konnotierten Merkmale, die ich mit dem Lesbischsein verband, trug ich anscheinend in mir. Somit war ich all das Negative, das nie negativ war, aber mir von meinem Umfeld so präsentiert wurde, sodass ich keinen positiven Bezug zu diesem Thema entwickelt hatte.

Ab diesem Zeitpunkt hat sich mein Leben verändert und ich begann, mein wahres Ich zu erkunden. Ich hatte es satt, andere für mich entscheiden zu lassen, und war wütend, dass ich so wenig über mich selber wusste. Ich musste mich selbst neu kennenlernen, meine sexuelle Orientierung akzeptieren, dafür sorgen, dass mein Umfeld mich akzeptiert und gleichzeitig meine Karriere neu definieren.

Ich konnte nicht mehr so weitermachen und habe die Welt nicht mehr verstanden. Das Konstrukt der braven türkischen Vorzeigetochter brach Stück für Stück zusammen. Es folgte eine Kurzschlussreaktion. Ich packte meine drei Sachen zusammen und zog Hals über Kopf zu meiner Freundin nach Kanada. Ich entschied mich, dort für fünf Monate zu leben. Ich brauchte Zeit, um zu reflektieren, wer ich bin, was ich will und wo ich hin will.

Geblendet durch die erste Liebe und das erste Mal weit weg von zu Hause, machte ich es mir zur Aufgabe, mein Leben in die Hand zu nehmen, um herauszufinden, was ich wirklich will. Immer noch weit ›in the closet‹, wollte ich mein Konstrukt aufrechterhalten und den scheinbar einzigen Aspekt in meinem Leben, den ich kontrollieren konnte, wiederherstellen: meinen Studiengang.

Doch wollte ich das überhaupt, war ich dazu gemacht zu studieren? Hätte ich früher die Wahl gehabt, hätte ich viel lieber eine Ausbildung begonnen. Irgendetwas Handwerkliches. Ich musste aber mein Migrationserbe erfolgreich fortführen und aus dem Ausbrechen, was als schlecht angesehen wurde. Von klein auf wurde uns eingetrichtert, dass studieren gut ist und eine Ausbildung schlecht. Es ist so ähnlich wie ein generationaler Aufstieg: alles immer etwas besser machen, mehr Geld verdienen, mehr wissen als die Generation zuvor. So entschied ich mich letztlich für ein Studium der integrierten Sozialwissenschaften.

Ich kam zurück nach Deutschland und alles schien wieder okay. Ich studierte ja wieder und keiner wusste von meiner Homosexualität, alles war gut. In Kanada hatte ich nämlich genug Zeit gehabt, mich besser mit dieser neuen Erkenntnis zu arrangieren. Ich war aber noch lange nicht da, wo ich heute bin, denn es braucht definitiv Zeit und gute Unterstützung von außerhalb, um sich selber neu kennenzulernen und dieses neue Ich zu lieben.

Ich hatte mein Coming-Out letztlich im Mai 2015 bei meinen Eltern. Ich zeigte ihnen ein *Scrapbook*[4], das mir meine Freundin geschenkt hatte, und teilte ihnen mit, dass sie und ich mehr als nur Freund*innen waren. Den Satz »Ich bin lesbisch« brachte ich allerdings noch nicht über die Lippen. ›Lesbisch‹ war so negativ besetzt und ich wusste zu diesem Zeitpunkt noch nicht, woher das kommt. Wir werden ja nicht in diese Welt gesetzt und bekommen ein Buch mit den Wörtern, die ›schlecht‹ sind. Homofeindlichkeit war anscheinend tief in mir verankert, wenn ich mit dem Wort ›lesbisch‹ so viele Schwierigkeiten hatte. Naiv bin ich davon ausgegangen, dass meine ›modernen‹ Eltern, meine engsten Kontaktpersonen, gut reagieren würden. ›Sie mögen ja meine Freundin‹ und ›Ich war doch immer die gute Tochter‹. Ich sollte vielleicht erwähnen, dass ich bis zu diesem Zeitpunkt weder Alkohol getrunken habe noch eine Partygängerin war oder sonst irgendetwas gemacht habe, was meine Eltern hätte ›beunruhigen‹ können. Ich war die Vorzeigetochter, eine Akademikerin, ohne Fehler. Mein Vater reagierte mit einem »Bei den Deutschen gibt es sowas doch auch nicht« und »Wir können dir einen Therapeuten suchen«. Meine Mutter, meine beste Freundin, war still, sagte nichts. Aber ich sah in ihren Augen, wie ihre für mich erstellte Welt in Scherben zerbrach und sie einfach nicht mehr wusste, wie es weitergehen sollte. Schließlich war ich ja das Nonplusultra einer Migrant*innentochter, die es geschafft hatte, als Erste eine Universität zu besuchen. Was für ein tolles Migrationserbe.

Für Menschen der *LGBTQ+-Community*[5] gibt es oft nach dem Comingout eine Art zweite Jugend. In meinem Fall habe ich in meinen 20ern nachgeholt, was viele in den Jahren zwischen 15 und 19 erforschen und erleben. Es folgten viele »AHA«-Momente, viele »Oh, darum war ich so« oder »Deshalb habe ich damals so reagiert«. Zum Beispiel, als ich in der siebten Klasse einen ›Freund‹ hatte, der mich küssen wollte, während ich absolut nicht verstand, was an dem anderen Geschlecht so toll sein soll. Oder warum ich null Interesse an den anderen Jungs hatte, außer mich mit ihnen zu messen. Vieles ergab auf einmal einen Sinn und ich hatte die Chance, mein Ich neu zu definieren. Auf der Suche nach meiner Identität

4 engl. ein Album aus Fotos und Erinnerungen.

5 Engl. Abkürzung für lesbisch, schwul, bi, trans* und queer. Eine Gruppe, die aufgrund ihrer sexuellen oder geschlechtlichen Identität ähnliche Erfahrungen teilt und in diesem Zusammenhang aktiv ist. Anders & Gleich (2022)

hatte ich oft damit zu kämpfen, mit niemandem über mein wahres Ich reden zu können. Einige Freund*innen habe ich auf dem Weg verloren und war somit oft auf mich alleine gestellt. Die Reaktion meiner Eltern hatte mich eingeschüchtert und fortan meine Sicht aufs Coming-out – oder eher *letting in*[6] – verzerrt. Falls ich mich jemandem öffnete, hieß es oft »Ja, ist doch okay. Meine Oma ist auch lesbisch« oder »Oh, das ist doch kein Problem. Du musst das ja nicht extra sagen«. Waren diese Aussagen positiv? Ich weiß es nicht, sie haben sich nicht gut gefühlt, denn was ich wirklich brauchte, war Unterstützung.

Auf der Suche nach dieser Hilfe traf ich letztlich auf viele Einrichtungen in Hannover, die auf *weiß*-gelesene Personen der LGBTQ+-Community ausgerichtet waren. Jedes Mal, wenn ich über die Situation mit meinen Eltern, der Angst vorm Coming-out in der türkischen Community oder ähnliches reden wollte, gab es Unverständnis, denn wir würden ja in Deutschland leben, wo Homosexualität doch erlaubt sei.

Ich war davon ausgegangen, eine Community zu haben, weil ich ja jetzt Teil der LGBTQ+ -Community war, doch letztlich habe ich keinen Anschluss gefunden und mich auch dort fremd gefühlt.

Ich habe nicht das gefunden, was ich für meine Bedürfnisse gebraucht habe. Viele aus der Mehrheitsgesellschaft meinten »Meine Oma ist cool damit« oder » Mein Vater liebt meinen Freund wie seinen Sohn«.

2018 ging ich schließlich zu einem Verein in Hannover, um beim *CSD*[7] zu helfen, denn mittlerweile, acht Jahre nach meinem Teil-Coming-out, hatte ich den Mut zusammen, um in meiner eigenen Community auszuhelfen und Leute aus der LGBTQ+-Community kennenzulernen, die nicht auf der anderen Seite des Atlantiks wohnten. Nach meinem ersten Coming-out bei meinen Eltern bin ich viel gereist, um mich besser kennenzulernen und eine Freiheit zu leben, die mir in meiner Heimatstadt leider verwehrt war.

Durch den CSD 2018 bin ich auf eine andere türkischstämmige Person gestoßen, die sich mit mir zusammengesetzt hat, meine Problematik verstanden hat und mir nicht nur zugehört, sondern mich verstanden hat.

---

6 engl. hereinlassen.
7 Abkürzung für Christoper Street Day. Tag, an dem z.B. mit Paraden und Straßenfesten die Akzeptanz und Anerkennung gefeiert und demonstriert wird und die eigene Lebens- und Liebesform mit Stolz gezeigt wird. Anders & Gleich (2022).

Das war das allererste Mal in meinem Leben, dass ich Euphorie nach einem *outing* gespürt habe.

Durch diese wunderbare Person habe ich zwei bis drei weitere aus der Community getroffen, die auch eine Migrationsgeschichte haben, und zusammen haben wir den Mut gefasst, *Prisma-Queer Migrants* e.V. ins Leben zu rufen. Es war ein wunderbares Gefühl, für unsere Community da zu sein, und fortan haben wir mehr Kontakte knüpfen können, denn siehe da, es gibt mehr von uns! Es gab bislang nur keinen Verein Institut in Hannover, welches für unsere Bedürfnisse da war. *Prisma* ist ein großartiges Projekt und meine Kolleg*innen vor Ort in Deutschland haben viel Arbeit in diesen Verein gesteckt, um mehr Sichtbarkeit und Akzeptanz zu bekommen.

Es war anfangs schwierig, da keine Notwendigkeit für die Existenz einer solchen Gruppe gesehen wurde. Rassismus und Diskriminierung seien in Deutschland ja nicht existent und es gäbe ja genug LGBTQ+-Einrichtungen, denen wir uns anschließen könnten.

Prisma hat aber weitergemacht und jetzt, wo Themen wie Diversität und Inklusion boomen, bin ich umso froher, ein Teil von Prisma zu sein, und stolz auf die Arbeit, die meine Kolleg*innen ehrenamtlich in dieses Projekt stecken.

Ich persönlich habe meinen Traum von einem Leben in Kanada nicht losgelassen und bin nach meinem Studium nach Montreal gezogen und lebe jetzt hier mit meiner Freundin in einer eingetragenen Lebenspartnerschaft. Hier fühle ich mich weder als Türkin noch als Deutsche noch als Québécois. Meine Identität besteht aus vielem mehr und muss nur für mich Sinn ergeben und für keinen anderen. Auf die Fragen »Wer bist du?« und »Was macht dich aus?« habe ich viele Antworten und ich bin froh, die Freiheit zu haben, alle Facetten meines Ichs ohne Einschränkungen zu erkunden und auszuleben.

Ajayini Sathyan

Safe Space

»Dies ist ein *Safe Space*« (respektive »ein sicherer Raum«), ist eine Aussage, die in Therapien, Workshops, Besprechungen und Konferenzen mittlerweile weit verbreitet ist, fast überall dort, wo Menschen zusammenkommen. Das Konzept des Safe Space ist gerade im Trend und wird oft deshalb explizit vorgestellt, um Menschen zu ermutigen, sich auf die eine oder andere Weise Therapeut*innen, einer Erfahrung oder einer Gruppe zu öffnen. Es soll signalisieren, dass die anwesenden Personen in der Lage sind, die sich mitteilende Person gegebenenfalls aufzufangen. Auch wenn diese Aussage scheinbar positiv ist und beruhigen soll, so wird oft die tatsächliche Erfahrung der Person, die gebeten wird, sich mitzuteilen, nicht berücksichtigt. Doch letztlich kann nur diese Person feststellen, ob ein Raum sicher ist. Ein Space ist nicht sicher, nur weil jemand anderes es sagt.

Der Begriff »Safe Space« stammt ursprünglich aus der *queeren* Szene.[1] Der Zweck dieser ausgewiesenen sicheren Räume war es, eine Umgebung zu schaffen, in der marginalisierte Menschen offen über ihre Sorgen, Meinungen und Erfahrungen sprechen konnten, ohne Angst vor Vergeltung haben zu müssen. Ursprünglich wurde der Safe Space von allen Beteiligten einvernehmlich vereinbart und so sollte es eigentlich auch heute noch sein. Doch wie viele Konzepte, die von marginalisierten Gemeinschaften und *Communitys* geschaffen wurden, wurde der sichere Raum ausgenutzt und zu etwas verdreht, das seiner ursprünglichen Form kaum noch ähnelt. Der Zweck ausgewiesener sicherer Räume ist verloren gegangen und das grundlegende Prinzip der Gegenseitigkeit wurde vollständig vergessen.

Heutzutage wird der Satz »Das ist ein Safe Space« wie eine leere Floskel verwendet. Sie berücksichtigt nicht die Erfahrungen der Person, von der

1 Hanhardt, 2013 / Kuribiyashi & Tharp, 1997 / Palfrey, 2007 / Winter & Bramber 2021.

verlangt wird, dass sie sich verwundbar macht. Wenn eine Person zu einer anderen Person sagt: »Dies ist ein sicherer Raum«, dann signalisiert diese Person, dass die Gruppe eine Umgebung geschaffen hat, in der Verwundbarkeit in Ordnung ist und die tiefen Gefühle des*der Mitteilenden geschützt werden. Kann diese Person jedoch überhaupt wissen, ob sie diesen Raum als einen Safe Space oder als sicher bezeichnen kann? Nein, kann sie nicht. Dies kann man nur herausfinden, indem man einen Dialog eröffnet. Die Schaffung eines sicheren Raums erfordert ständige Gespräche. Die Menschen, die in diesen Räumen sind, um jemand anderen zu unterstützen, müssen ihren eigenen Platz in dieser Beziehung und in der Gesellschaft ständig neu bewerten, insbesondere wenn es Privilegien oder ein Machtgefälle gibt. Indem wir die Systeme von Privilegien und Macht nicht anerkennen, hindern wir die Person – insbesondere, wenn sie Teil einer marginalisierten Community ist – daran, sich selbst mit ihrem ganzen Selbst in den Raum einzubringen. Allein das schafft einen Mangel an Sicherheit. Wenn die Botschaft »Dies ist ein sicherer Raum« gesendet wird, ohne dass die Unterdrückungssysteme und Autoritätsunterschiede anerkannt und berücksichtigt werden, führt sie letztendlich dazu, dass ein Teil der sich mitteilenden Personen sich nicht willkommen fühlt. Somit bleibt diese Personengruppe unterdrückt, während sich die anderen Personen weiterhin wohlfühlen. Genau das Gegenteil sollte das Ziel eines Safe Spaces sein. Der Prozess der ständigen Reflexion und Neubewertung blinder Flecken seitens der Person, welche einen sicheren Raum schaffen möchte, ist absolut entscheidend für die Gestaltung von Safe Spaces und den Dialog rund um Safe Spaces.

Das Konzept von *Sicherheit* ist auch keineswegs ein geschlossenes. Vielmehr beruht es auf einem Dialog, der sich aus Sicherheitsgründen nie schließt. Sichere Räume gibt es nicht ohne Konflikte. Ganz im Gegenteil. Um mehr und bessere sichere Räume zu fördern, sind Konflikte von entscheidender Bedeutung. Durch Konflikte zeigt sich die Stärke der Beziehungen in einem sicheren Raum. Indem wir einer Person erlauben, Konflikte zu uns zu bringen, versichern wir ihr, dass die Beziehung nicht zerbrechlich ist und dass wir offen und bereit sind, uns an deren *Reparatur* zu beteiligen. Konflikte in einer Beziehung bieten die Möglichkeit, die Bindung zwischen Menschen zu stärken, indem Probleme gesehen werden und ein Weg gefunden wird, um gemeinsam voranzukommen. In dem Bemühen, eine Person in ihrem Konflikt mit uns zu sehen und zu hören, zeigen wir ihr, dass ein Raum tatsächlich sicher ist und es sich nicht nur um ein Lippenbekenntnis handelt. Das gilt in allen Kontexten, z. B. auch in romantischen Kontexten und Situationen oder in Kontexten und in Situationen des Arbeitsumfeldes. Sichere Räume werden geschaffen, wenn die gefährdete Partei feststellt, dass der Raum sicher ist, und nur dann. Indem wir den Teilnehmenden sagen, dass es ohne ihren Beitrag sicher ist, machen wir uns zu Expert*innen ihrer Erfahrungen. Wenn eine Person gefragt wird, ob diese sich dabei wohlfühlt, etwas zu teilen, hat die Person, die sich öffnet, die Freiheit zu entscheiden. Als Therapeut*innen, Freund*innen, Eltern, Mentor*innen und Lehrer*innen tun wir unser Bestes, um diese sicheren Räume durch Bestätigung und Empathie zu schaffen, aber letztendlich liegt die Macht, den Raum als sicher zu bezeichnen, nicht bei uns. Lasst uns aufhören zu sagen: »Dies ist ein sicherer Ort« und konzentrieren wir uns stattdessen darauf, einen zu schaffen.

II.

Community & Diaspora

Mia Hoàng Dung Vũ

Eine Episode aus dem Leben in dem Verwaltungsgebäude auf dem ehemaligen Fabrikgelände

Meine Familie (Mutter, Vater, mein jüngerer Bruder und ich) lebten in einer Wohnung in einer deutschen Kleinstadt in Brandenburg. Da sind wir wohl hingezogen, als ich zwei war. Sechs vietnamesische Familien lebten in einem ehemaligen Fabrikgebäude auf einem ehemaligen Fabrikgelände, welches genau mit sechs Altbauwohnungen ausgestattet war. Die Fabrik musste schließen, weil sie sich nach der Wende nicht mehr rentierte. Dafür zogen sechs vietnamesische Familien ein. Eine bestimmte Bevölkerungsgruppe lebte räumlich konzentriert auf einem Fleck und räumlich distanziert von anderen Bevölkerungsgruppen. Wir Vietnames*innen lebten wohl räumlich segregiert, was für mich zu jener Zeit jedoch nicht weiter schlimm war, da wir Kinder in dieser Fabrik schöne Nachmittage erlebten, an denen wir, als das große Gebäude vor unserer Wohnung abgerissen wurde, draußen auf dem harten, sandigen Untergrund Fahrrad fahren konnten. Im Sommer trafen sich auch die Familien draußen, um zu grillen. Die Wohnung meiner Familie war wie ein Kreis aufgebaut. Du konntest durch jedes Zimmer im Kreis gehen und dabei jedes Zimmer durchqueren, bis du wieder im Flur standest, mit Ausnahme des Bads, das lag in der Mitte des Kreises. Während also manchmal meine Familie ein Essen in unserer Wohnung vorbereitete, versammelten sich die sechs Familien in unserer Wohnung, sodass die Kinder Fangen spielen konnten und sich gegenseitig im Kreis in der Wohnung jagten. Wir waren bestimmt mindestens zehn Kinder. Währenddessen kochten die Frauen in der Küche, schon meistens bereits seit dem frühen Nachmittag, und tratschten. Die Männer kamen erst später, kurz vor dem Essen, und breiteten Tischdecken auf dem Boden aus, damit darauf die einzelnen Gerichte platziert werden konnten. Die Rollen der Geschlechter waren und sind manchmal immer noch klar verteilt. Wir saßen damals noch auf dem Boden und aßen. Gerade bei großen Versammlungen kamen die Tischdecken auf dem Boden zum Einsatz. Normalerweise aßen wir am Tisch, aber für so viele Menschen gab es nicht genügend Tische. Heutzutage findet alles an Tischen statt. Damals war es vielleicht einfach auch noch üblicher, auf den Boden auszuweichen. Das Essen war sehr lecker, die Stimmung war meiner Erinnerung nach immer gut. Die Erwachsenen rissen Witze, plauschten, behaupteten unmögliche Dinge, während die Kinder kurz aßen, aufstanden, um danach im Kreis zu rennen, Fernsehen zu gucken oder Verstecken zu spielen. Diese Treffen gab es häufiger in meiner Kindheit und Jugend. Erst jetzt, wo ich erwachsen bin und diese Treffen kaum/ gar nicht mehr stattfinden, da die Kinder aus dem Hause sind und die Familien aus dem ehemaligen Fabrikgebäude in schönere Wohnungen ohne Schaben (die gab es damals leider dort auch und die Viecher wird man sehr schwer los) in derselben Stadt oder gar in den Westen (!) gezogen sind, schätze ich diese Treffen aus meiner Kindheit und Jugend so richtig. Meine Familie war nie isoliert von anderen vietnamesischen Familien in der Kleinstadt. Der Vorteil war auch, dass wir nahe Berlin lebten. Dort gab es sogar noch eine größere vietnamesische *Community.* Ich lernte also nicht nur, die Sprache mit meinen Eltern zu sprechen, sondern auch, wie sich Vietnames*innen untereinander verhielten. Was war höflich? Wie verhielt ich mich gegenüber älteren Frauen und Männern in der Generation meiner Eltern? Was war anderen vietnamesischen Eltern wichtig? Was für Werte, Gerichte, Vorstellungen vom Leben teilten sich meine Eltern mit anderen vietnamesischen Familien? Wo unterschieden wir uns? Was war Teil der Kultur? Was war Geschmackssache? Ich war *immersed,* sozusagen ›eingetaucht‹ in der vietnamesischen *Diaspora.* Noch treffender ist wohl, dass die vietnamesische Diaspora und auch die vietnamesische Kultur sich durch mich hindurchwebte. Und ich schätze sie, denn sie macht einen großen und wichtigen Teil von mir aus. Mein Bruder und andere hingegen sagen manchmal, ich sei zu deutsch. Vielleicht denkt das auch meine Familie in Vietnam. Aber ich bin beides. Beides macht einen großen Teil von mir aus. Beide Kulturen, ob die deutsche wie auch die vietnamesische, durchweben sich, verstricken sich ineinander, durcheinander und erschaffen so mitunter grässliche Muster. Muster, von denen die Augen schmerzen. Aber manchmal entstehen eben auch wunderschöne Muster, neue Muster, welche länger betrachtet werden wollen.

Elnaz Farahbakhsh

Diaspower 2.0

So oft suche ich nach Worten,
für meine Gedichte,
für meine Texte,
für meine Geschichte.

Doch sie existieren nicht.
Die deutsche Sprache besitzt sie nicht.
Und ich kann nicht aufschreiben,
was ich eigentlich sagen will.

So oft suche ich die Worte
im Farsi,
in Azeri,
in Russisch,
doch ich finde sie nicht,
weil sie mir kaum überliefert wurden
und mir immer eingebläut wurde,
dass fließendes und akzentfreies Deutsch
mich erfolgreich und unverwundbar macht.

Diaspora-Leben bedeutet Schmerz,
bedeutet Aufgeben deiner Geschichte,
bedeutet weggespült werden,
vergessen werden,
verdrängt werden.

Also suche ich nach Orten,
suche nach Möglichkeiten,
wo ich sein kann,
wo ich schreiben kann,

und alles loslassen kann,
was mich einengt
und einzuschränken versucht

Und ich finde,
dass wir viele sind.
Und diese Viele sprechen,
flüstern und schreiben.

Being part of the diaspora makes me proud
The way I appreciate the earth
my ancestors
my community
and my body
is something I could only learn from people
who think in a noncolonial
and non-individualistic way.

Diaspora is my existence
diaspora is my identity
diaspora is my power

Tracy Chapman sings:
»And I had a feeling that I belonged
I had a feeling I could be someone.«[1]

Wenn ich ein schnelles Auto hätte, würde ich so schnell fahren, dass meine Haare im Wind tanzen.

Ich würde den Sonnenaufgang beobachten
und mit dem Auto Richtung Horizont fahren.
Daher suche ich und finde;
finde und werde gefunden.
Träume und entdecke die Realität, wünsche und verbinde mich.

---

1 Tracy Chapman, 1988, Fast Car.

@moonxblood, m. aykan

Du bist nicht mehr einsam

Triggerwarnung: Depressionen, Abandonment Issues / People Pleasing

Der erste Entwurf wird es sein, denn dieser ist herausfordernd. Auf Deutsch, eine Sprache, die ich so ungern spreche, in der ich so ungern denke, in der ich so verzweifelt versuche, mich verständlich zu machen. Denn ich fühle so viel, zu viel um es in Worte zu fassen.

Es sollte ein Brief an dich werden. Ein Dankeschön, dass du auf Deutsch geschrieben hast. Deine Gefühle nicht in Abschottung von der dich am meisten beeinflussenden Sprache geschrieben hast. Dich nicht versteckt hast in einer anderen Sprache, die es dir erlaubt zu verdrängen. Weil sie dir erlaubt, Abstand zu nehmen, und du dadurch weniger fühlst. Mein jüngeres Ich. Du, ja du, verdienst meinen Dank. Eigentlich wollte ich dir eine Liste mit Dingen schreiben, die du erreicht hast, doch das scheint gerade jetzt so sinnlos, ohne Berechtigung auf Existenz. Denn ich habe etwas sehr Wichtiges verloren.

Jahre hat es mich beschäftigt, soweit weg wie möglich von dem entfernt zu sein, der Dich ausmacht. Der mich ausmachte. Du warst bereit, alles zu geben für einen Brotkrumen an Zugehörigkeit. Du schenktest Liebe in Formen so divers und so einsam, wie du selbst warst. Du warst Licht, gebrochen, gestreut, doch hast nicht realisiert, dass du Energie trägst. Ich verlor dich und somit deine Energie.

Ich muss dir etwas erzählen.

Es werden viele Momente auf dich zukommen, an denen du dich von deiner Traurigkeit einnehmen lässt. Manchmal wird es so scheinen, als würde auf dieser Erde kein anderes Gefühl herumgeistern, an das du dich festhalten könntest – gefangen in den Strippen deiner pessimistischen Philosophie. Keine Ahnung, woher das kommt, doch oft überkommt es auch mich.

Es wird wahrscheinlich nicht weggehen. Zuletzt, irgendwo zwischen Frustration, Unsicherheit, Erfahrung und dem konstanten Drang, dich zu verbessern, verschließt du die Türen der Glückseligkeit, denn sie sind befleckt mit Scham.

Ich erzähle dir das, weil du deine Arme öffnen musst. Erlaube dir, Fehler zu machen. Du darfst scheitern, aber bitte höre auf, dich selbst zu peinigen. Du musst dir selbst verzeihen.

Du schreibst nur, wenn du ein gebrochener Mensch bist. Dann setzt du Worte auf Papier, die irgendwie so klingen: »Ich verschütte niemals meinen Wein. Höchstens meine Liebe.« Alles, was du dir gewünscht hast, war es, jemanden zu lieben, der dich liebt. Dazuzugehören. Gehört und verstanden zu werden. Deine Dunkelheit mitzuteilen, jemandem endlich davon erzählen zu können, wie einsam du bist und wie frustrierend diese Einsamkeit ist – dass Einsamkeit bedeutet, verloren zu sein. Es bedeutet zu denken, dass du dich nur findest, wenn du dich in anderen siehst.

Ich musste mich schon oft fragen, wer ich bin. Allein. Ohne Menschen um mich herum. Ich musste akzeptieren, dass ich nicht als bloße Reaktion auf meine Umwelt existiere. Ich bin so viel mehr als das. Scheinbar nur nicht, wenn ich allein bin. Es wird grau um mich herum, verschlungen. Kommst du mit meiner Finsternis zurecht? Willst du das wirklich wissen? Oder willst du am Ende nur sagen können, du wüsstest, was ich meine? Selbst zu beschreiben, wie es sich anfühlt – ich denke nicht, dass alles einen Wiedererkennungswert hat. Eine Dimension des Vergleiches existiert nicht. Meine Finsternis steht für sich und mit jedem Mal fühlt sie sich anders an.

Ich sagte dir, diese Gefühle würden wiederkehren.

Oh, *buddy*. Das wird ein langer Weg. Kannst du dich noch an den Text erinnern, den du vor ein paar Jahren in der Öffentlichkeit vorgetragen hast? Als du dich zum ersten Mal nackt präsentiert hast, vor dieser kahlen, weißen Wand, scharfen Tränen nahe, in einem Raum voller fremder Menschen. Klingt ziemlich weit entfernt von Zugehörigkeit, oder? Aber darum geht es hier nicht. Es fing an mit einem Kichern aus der Ecke des Saals, unverständliche Unterhaltungen, doch die Stimmen wurden lauter. Manche filtertest du heraus und sie erhoben sich aus der Masse, dann hörtest du jedes Flüstern, aber auch schrille Gelächter. Der erste Gedanke, bevor du deine Lippen bewegen konntest – du hattest dich fast ohnmächtig gefühlt, Geräusche in der Intensität einiger Dutzend Sirenen, starrtest auf deine schwitzenden Hände, die vor Nervosität fast glühten: ›Versteife nicht deine Haltung, lass ein bisschen Raum zwischen deinen Fingern, ein bisschen mehr Zeit zwischen jedem Atemzug. Atme ein.‹ Erinnerst du dich? Entspannst du dich? Atme aus.

Deine Stimme im Kopf übertönt nun alles. Du wirst deine Wahrheit mitteilen und diese Macht kann dir niemand mehr nehmen. Denn es ist jetzt raus, verstehst du? Du hast es in die gefährliche Welt gesetzt. Die Welt, die diese Menschen beherbergt, die du nur als Antagonisten deiner Realität wahrnimmst, wildfremde, aliengleiche Gestalten. Du bist raus aus der Komfortzone, deiner geschützten Umgebung, kein Gesicht, das deinem ähnelt. Und du gelangst endlich an die letzten Verse:

(...)
I am Melisa.
I am a Woman.
I am Black.
I am Gay.
I am Muslim.
I am handicapped and I am powerful.
I have the power of words.
What you see first in me,
is how you see the world and make people feel.
Take this power and make me feel like I never have to choose one of the things I must be or represent. And if you don't, don't worry. I'll be my own haven and I will speak my true self.

Spoiler: deine Pronomen sind nun sie/ihr, *they/them*.

Nach jedem Wort, scheint das Gefühl aufzukommen, dann nach jedem Buchstaben: Du willst aufhören, oder? Dich verstecken, weil dich die Gesichter an jene erinnern, die dich verließen, nicht zuhörten oder niedermachten. Du lechzt nicht nach Applaus, es ist eventuell nur eine Mutprobe für dich, ein Experiment. Du willst wissen, ob du dich so entblößen darfst. Wenn ich etwas an Dir schon immer bewundert habe, dann deine Neugier.

Eine Frau kommt auf dich zu grün schimmernde Augen, umarmt von glühendem Rosa, ihr Gesicht getränkt in einem Bach, die Quelle ihrer unendlichen Emotionen. Sie umarmt dich und sagt: »Du verstehst mich.«

Es wird unbequem für dich. Du wirst im Alter an einen Punkt kommen, wo es so scheint, als würdest du alles einfach hinnehmen. Tatsächlich aber klatscht dir bald eine gewaltige Welle an Selbstreflexion in dein Gesicht und du wirst wach. Es gibt nicht die eine perfekte Perspektive, von der du behauptet hast, deine Persönlichkeit mit schmücken zu können. Du hast ein Zuhause gesucht in Menschen, in denen keines zu finden war, aber hast immer die Tür offen gehalten an regnerischen Tagen – manche sagen *people pleaser*, du sagst Empathie. Was es tatsächlich ist? Dir fehlt es an Kommunikation deiner Grenzen und du warst auf der Flucht vor dir selbst und wolltest dich erfüllen lassen von anderen. So sehr ich dich loben muss, für deinen Mut, deine Kuriosität, deine Stärke und wie du dein Leben navigiert hast, ohne zu wissen, wer du bist ... So sehr muss ich dich auch ermahnen, dich selbst nicht loszulassen auf der Suche nach Zugehörigkeit. Schließe die Tür hinter dir, wenn du mein Herz betrittst.

Es ist mir möglich gewesen, dich endlich in mir wiederzufinden. Jahre vergingen, ehe ich lernte, woher du kamst, und dich zu schätzen wusste. Mein jüngeres Ich, mein Kindheits-Ich, mein Teenager-Ich, ich werde dir nun sagen: Du wirst geliebt. Von mir und anderen. Deine Gedanken werden leben und finden ihren Platz in mir.

Du wirst bald bemerken, wie wichtig es ist, dich selbst in den Arm zu nehmen. Deine Fehler nicht in Scham zu ertränken. Dir zu erlauben, dass dir Gutes zusteht, ohne dass du dir diese Dinge schlecht reden musst. Du verdienst es. Du verdienst die Menschen um dich herum, die dich bedingungslos lieben. Und du wirst erfahren, dass in deinem Zuhause ein großer, robuster Tisch steht, Stühle auch für Menschen, die schon lang nicht mehr in deinem Leben sind. Von denen du dachtest, du hättest deine Liebe verschüttet. Vertrau mir, das hast du nicht. Da ist so viel mehr in dir. Nimm Platz.

Als sie kam und meinte, ich sei die Farbe Lila, als sie mich erblickte, mir tief in die Augen schaute und meinte, ich würde Menschen in meinem Licht einschließen. Da wusste ich, dass sie nicht von mir dachte, ich sei gebrochen. Auch wenn sie sagte: »Licht kann man brechen, sowie es in seiner Ganzheit ist, so ist es in seinen Einzelteilen.«

Du bist Licht und alles, was du berührst, ist somit im Schein deiner Wärme und Geborgenheit geschützt.

Ich muss dir etwas sagen.

Du bist nicht mehr einsam.
Du erstrahlst in dem Licht, welches du teilst.
Du siehst dich als Teil vom Ganzen.
Und wichtiger denn je: Du bist selbst dein Ganzes.

Jessica Mawuena Lawson

Ein bisschen

Eine intensive Duftnote nach *Conditioner*, Sauberkeit und *Okra Soup* liegt in der Luft und füttert mein Heimweh. Der Geruch in dem Laden empfängt und umhüllt mich und ich ahne die Schmerzen schon voraus, die gleich von meiner Kopfhaut über meinen starren Hals bis hinunter in meine Beine zucken werden. »Hallo«, sagt Tata und in ihren Augen sehe ich, wie die Mauer zwischen uns niedriger wird wie ein schwarz getünchtes Autofenster, das ein Stückchen hinuntergelassen wird. Nur so weit, dass es nicht mal Sekunden dauert, um es im Notfall wieder hochfahren zu lassen. Sie erkennt etwas in mir, ist sich aber noch nicht sicher, ob der Boden, auf dem ich stehe, sie ebenfalls tragen wird. »Hallo«, sage ich, ein bisschen eingeschüchtert durch ihre Präsenz. »Was willst du machen?«, fragt sie – und in meinen Ohren klingen ihre Töne rau, geschäftsmäßig. Töne, die leicht zu verwechseln sind mit Unfreundlichkeit, wenn man ihre Melodie zum ersten Mal hört. »*Braids*«, sage ich, als ob wir dafür nicht extra einen Termin ausgemacht hätten. Ich hole die Kunsthaare aus der Tasche. »Okay, fangen wir an«. Sie rückt den Stuhl zurecht, reicht mir ein sauberes Handtuch und ich setze mich, ziehe das Gummiband aus meinen Haaren. In dem matten Spiegel, der mir gegenüber an der Wand hängt, sehe ich wie einzelne Strähnen zu Fühlern werden und sich in alle Richtungen ausstrecken. Tatas Augen werden groß, fangen an zu funkeln und ich ahne, was jetzt kommt. »So viele Haare!«, sagt sie und macht dieses Geräusch mit der Zunge, das die Macht hat, Kontinente zu vereinen. »Ah, ah! Willst du mir nicht ein bisschen abgeben?« Ich lächle, wie erwartet. Doch mein Mund bleibt still, denn bisher habe ich noch keine Erwiderung auf die immer gleiche Aussage gefunden. Dabei poltern hundert Gedankensteine durch meinen Kopf und einer ist besonders groß: »*Ein bisschen*«. Während sie anfängt, meine Haare zu kämmen, lege ich Gedankenstein auf Gedankenstein – wie bei einem Puzzle passen nicht alle gleichermaßen gut aufeinander – und errichte nach und nach mein eigenes Podest. Keiner von uns will alles. Ist es, weil wir uns denken können, wie aufwendig lange, dichte, trockene Afrohaare in der Pflege sind? Oder weil wir genau wissen, wie sehr wir auffallen, wenn wir sie offen tragen? Ist es, weil wir wissen, dass *ein bisschen* von uns gerne gesehen ist, aber *zu viel* von uns einfach nie gut ankommt? Deswegen gibt es immer nur diese eine Schwarze Person in der ansonsten weißen Freundesgruppe, oder? Deswegen ist ›Afrika‹ als Reiseziel irgendwie cool und mutig und mal was anderes, solange das Flugzeug in Südafrika oder Namibia landet und mal ehrlich: Deswegen sind die meisten Schwarzen Menschen in der Werbung *light skinned*. Ich schaue in den Spiegel, der mich, meine zur Hälfte geflochtenen Haare und Tata zeigt. Sie wirkt konzentriert. Die Bewegungen ihrer Hände fließen ineinander über, als wären sie von einer begabten Daumenkino-Künstlerin gemalt worden. Sie ist fast am Ende einer Haarsträhne angekommen und zieht daran, um sie besser flechten zu können. Ich verändere meine Position und merke, dass ich auf einmal aufrecht sitze. Wann habe ich gelernt, selber nur ein bisschen von mir sein zu wollen? Mich so klein zu machen, dass ich gerade so auf den Platz passe, den mir die Gesellschaft zuweist? War es der Moment, in dem mir klar wurde, dass, Aussagen wie »Wie dumm von mir« völlig okay sind, während es nicht mal eine Redewendung für das Gegenteil gibt? Lernte ich von einer Person, die mich ignorierte, meine eigenen Gefühle nicht so wichtig zu nehmen?

Liegt es daran, dass ich eine Frau bin? Oder liegt es an meinem *Afropäischsein*? Daran, dass nichts, was mit Geld zu tun hat, je selbstverständlich für mich war? Liegt es an meiner Erziehung? An meiner Religion? An der Gesellschaft? Oder halte am Ende doch ich mein Schicksal in den Händen? Tatas Blick begegnet meinem und in ihren Augen liegt die Andeutung eines Lächelns, das mich wachsen lässt. »In ein paar Minuten mache ich Pause«, sagt sie, während sie eine neue Haarsträhne vorbereitet. »Ich habe heute noch nicht gegessen. Möchtest du auch Okra Soup?« Ich nicke mit starrem Nacken. »Gerne«. Sie kämmt die Haarsträhne in trockenem Zustand und bleibt sofort an kleinen Knoten hängen, was mir Tränen in die Augen treibt. Ich spanne den Kiefer an und mache weiter, denn unter dieser Art von Schmerz entsteht ein neues Ich. »Was dich nicht umbringt, härtet dich ab« als Durchhalteparole habe ich noch nie verstanden. Viele von uns, die lernen mussten, nur ein bisschen zu wollen, sind daran nicht gestorben. Sie sind auch nicht hart geworden. Im Gegenteil, du wirst dadurch so weich, dass du schmilzt und davonfließt, bis du dich selbst verlierst.

Aber unter den Daumenkinohänden, die meine Haare bearbeiten – Strähne für Strähne und Haar für Haar, unter den Augen, die zwar auf der Hut sind, aber trotzdem ein Teil von sich selbst in mir erkennen – finde ich mich wieder. Bis ich den Laden verlasse mit meinem neuen Ich. Bis mir die Welt draußen wieder zeigt, dass ich Frau bin, Schwarz bin, niemand bin. Bis ich wieder nur ein bisschen bin. Auf der Suche nach einer anderen Person, die nach Okra Soup und Heimweh riecht und gelernt hat, nur *ein bisschen zu wollen*. Vielleicht werden wir dann verstehen, dass wir genug sind, um nach *Allem* zu verlangen.

Jasmin L.

Spätzle und Soße – Identitätsfindung eines Besatzungsenkels

Jeder Mensch sollte sich irgendwann in seinem Leben nochmals die Karten legen und überlegen, wer er/sie wirklich ist. Bei mir war das mit ungefähr Mitte 30 der Fall. Ein ausgewachsener Burn-out und gesundheitliche Probleme brachten mich dazu innezuhalten und meinen bisherigen Lebensstil zu hinterfragen. Resultat? Ich trennte mich unter anderem von meinem damaligen Ehemann, outete mich als homosexuell und fand heraus, dass ich nicht binär bin. Das war aber noch nicht alles. Es gab da noch einen weiteren großen Knoten, den es zu lösen galt. Heute kann ich voller Überzeugung und stolz sagen, dass ich eine light skinned Person of Color bin. Mein Großvater stammt aus Tunesien, mein Vater ist ein deutsch-tunesisches Besatzungskind. Soweit so gut, aber wer, bitte schön, bin ich? Ich möchte Euch meine Geschichte erzählen. Darüber, wie ich mit meiner Identität als Nachkömmling eines Besatzungskindes strauchelte und Schritt für Schritt zu mir fand.

Als ich klein war

Ich wurde Anfang der 1980er-Jahre in einer schwäbischen Kleinstadt geboren und wuchs gutbürgerlich mit Spätzle und Soße auf. Meine besten Freund*innen Jan, Hannah und Markus lebten in der direkten Nachbarschaft. In der Kita spielte ich am liebsten Piraten und Lego. Ich habe mir nichts dabei gedacht, für mich war alles ganz normal …

Zwei oder dreimal im Jahr gab es in unserer Familie Couscous zu essen. Papa schwang ausnahmsweise den Kochlöffel und ich bekam leuchtende Augen. Zu diesem Event luden meine Eltern meist Freund*innen und Bekannte ein. Sie kredenzten das orientalische Gericht sichtlich stolz. Ich habe mir nichts dabei gedacht, für mich war alles ganz normal …

Einmal im Jahr kamen die Eltern meines Vaters zu Besuch nach Deutschland. Wir saßen mit meinen vier Großeltern zusammen am Kaffeetisch und ich bekam erzählt, dass sich im Krieg beide Opas gegenseitig bekämpft hätten. Sie witzelten, dass *Jabar*, der Vorname meines Großvaters (bei mir hieß er ›Tunis-Opa‹), auf Deutsch *Johann* heißen würde. Wir aßen gemeinsam Johannisbeerkuchen, meinen Lieblingskuchen. Ich habe mir nichts dabei gedacht, für mich war alles ganz normal …

Mein Vater, das Besatzungskind

Mein Familienkonstrukt ist das Resultat deutscher Nachkriegsgeschichte. Meine Mutter wurde nach dem Krieg im Schwabenland geboren, genauso wie ihre Mutter. Beide lebten immer in ihrer Heimatstadt, sie sind gerade mal ein Haus weiter gezogen. Mein Opa stammt immerhin aus einem ein paar Kilometer entfernten Dorf. Sein Vater war der Dorflehrer. Die ganze Familie ist, nun ja, sehr weiß.

Die Haut meines Vaters ist etwas dunkler. Er hat schwarz gelocktes Haar und spricht Deutsch mit einem leichten Akzent. Teils nutzt er gewöhnungsbedürftige Satzkonstruktionen, die ihn so liebenswert machen. Französisch und Arabisch spricht er fließend. Geboren wurde er kurz nach dem Krieg im schönen Allgäu. Seine Mutter ist ein Allgäuer Urgewächs, auf Fotos stets stilecht im Dirndl.

Und dann gibt es noch meinen Opa Jabar. Geboren und aufgewachsen ist er in Tunesien, das zu jener Zeit unter französischer Besatzung stand. Als Soldat des französischen Militärs wurde er in die französische Besatzungszone nach Deutschland geschickt, genauer gesagt ins besagte Allgäu. Dort traf Amor mit seinen Pfeilen ins Schwarze …

Zwei katholische, uneheliche Kinder waren das Ergebnis ihrer Liebe – direkt nach Kriegsende in einem erzkatholischen Dorf. Mein Vater redet bis heute nicht über seine Kindheit dort. Ich kann es mir nur ausmalen, was er und seine Mutter über sich ergehen lassen mussten. Meinen Opa schickten sie auch bald wieder in den nächsten Krieg und so saß Oma mit den beiden Kindern allein da.

Als mein Vater ungefähr sechs Jahre alt war, stand mein Opa urplötzlich und unangemeldet vor der Tür. Der Vatikan hatte sein Okay für die Eheschließung in der dortigen Allgäuer Dorfkapelle gegeben (eine katholisch-muslimische Hochzeit!). Nach der Hochzeit ging meine Oma mit den zwei Kids nach Tunesien. Was sie genau zu diesem mutigen Schritt bewogen hat – ich weiß es nicht. Ich ziehe definitiv in voller Anerkennung den Hut vor dieser starken Frau.

Anfang der 50er-Jahre war in Tunesien die politische Lage alles andere als stabil. Gemäß einigen innerfamiliären Erzählungen lebten sie die erste Zeit in einem sehr, sehr einfachen Haus in der Nähe von Tunis. Auch über diese Kindheit spricht mein Vater nicht viel, bis fast gar nicht. Er und sein Bruder wurden kurzum in eine französische Schule gesteckt. Französisch und Arabisch konnten sie zu diesem Zeitpunkt natürlich nicht. Mit Händen und Füßen versuchten sie, sich zu verständigen, den Schulstoff zu bewältigen und Freundschaften zu schließen. Mein Vater erzählte mir, dass er sich in Tunesien in all den Jahren nie wirklich zu Hause fühlte. Ihn plagte das Heimweh nach Deutschland. Im Alter von 26 Jahren schuf er sich beruflich die langersehnte Möglichkeit, in sein Heimatland zurückzukehren. Ob er den inneren Frieden dort fand, den er so lange suchte? Ich weiß es nicht.

Meine Familie und die Identitätsfrage

In unzähligen Gesprächen mit meinem Vater habe ich realisiert, dass er sich nicht mit seiner Identität und seiner Geschichte auseinandersetzen möchte. Welcher Kultur oder welchem Land fühlt er sich näher? Fühlt er sich zugehörig? Ich habe tatsächlich keine Ahnung, ob es ihn belastet, so zwischen den ›Stühlen‹ zu sitzen. Er redet nicht darüber. Auf Nachfragen und ernsthafte Gesprächsangebote erhalte ich nur ein Achselzucken. Mich macht es wahnsinnig, dass er sich in diesem Punkt so gar nicht reflektiert bzw. sich nicht reflektieren möchte. Ich musste erst begreifen, dass der Wunsch nach Identitätsfindung mein eigener ist und nicht seiner. Ich durfte lernen zu respektieren, dass wir in diesem Punkt unterschiedliche Bedürfnisse haben. Meine Mutter zeigt weniger Beharrlichkeit in der Zuweisung, zu welcher Kultur mein Vater denn nun gehören würde. Je nachdem, ob es gerade Zoff gibt oder nicht. Ist sie wütend, dann ist mein Vater ein Araber und er wird von ihr mit sehr stereotypen und leider auch rassistischen Aussagen belegt. Wenn ich sie in guten Tagen darauf anspreche, wie sie meinen Vater sähe, kommt als Antwort, er sei Deutscher. Dann ist Bauchtanz und Couscous auf einmal ganz toll. Verwirrend? Oh ja, und das war für mich als Kind fatal. Ich hatte keine Chance, für mich klar zu bekommen, wer mein Vater ist und wer ich bin.

Meine Identitätsfindung

Als ich klein war, konnte ich die Tragweite der Widersprüchlichkeiten nicht wirklich erfassen. Ich ignorierte sie einfach. Besagte Spätzle und Soße standen im Vordergrund. Ich wuchs in der Annahme auf, dass ich genauso weiß bin wie meine Freunde. Arabischstämmige Kumpels meines Vaters waren für mich so normal wie der Klang der arabischen Sprache, dem ich so gerne lauschte – und von dem ich doch kein Wort verstand. Mit meinen Verwandten in Tunesien konnte ich so gar nichts anfangen. Sie waren mir fremd, wir sprachen nicht mal eine gemeinsame Sprache und konnten uns nicht ohne Hilfe verständigen.

Heute wundert es mich überhaupt nicht, dass ich damals keinen Zugang zu meiner Identität fand. Ich hatte schlicht kein Vorbild, niemand redete mit mir darüber oder nahm mich an die Hand. Wie hätte ich mich finden können, wenn es sogar meine eigenen Eltern nicht konnten?

Ein für mich unüberwindbarer Spagat. Ich musste einen Umgang mit dieser Ambivalenz finden. Aus Selbstschutz habe ich meine arabische Seite einfach ausgeblendet, sogar negiert. Offen gesagt, hatte ich nicht weiter darüber nachgedacht oder infrage gestellt, dass ich weiß bin.

Umso irritierter war ich, wenn mich meine Umwelt als ›nicht Deutsch‹ wahrnahm. Mit ungefähr zehn Jahren bekam ich eine neue Geigenlehrerin. In der ersten Stunde meinte sie zu mir: »Du sprichst aber sehr gut Deutsch.« Ich war perplex und konnte das überhaupt nicht einsortieren. Weshalb sollte ich denn nicht gut Deutsch sprechen? Ich bedankte mich und lobte sie auch für ihre guten Deutschkenntnisse. Bis heute erinnere ich mich an ihr verdutztes Gesicht. Im Sportunterricht beschrieb mich meine Lehrerin beim Hochsprung als eine arabische Schlange. Und immer wieder fuhren mir wildfremde Menschen ungefragt mit ihrer Hand durch meine lockigen Haare. Im Teenageralter wurde ich von einem guten Kumpel mal als »heimatloses Etwas« bezeichnet. Er versicherte mir, dass das nicht böse gemeint war, sondern ja der Wahrheit entspräche. Aha, vielen Dank auch! Ab diesem Moment waren wir nicht mehr befreundet. Bei einem Ausflug an die Ostsee wurde ich aus heiterem Himmel von einem älteren Herrn mit den Worten beschimpft, dass er ›sowas wie mich nicht in seinem Land haben möchte‹. Auch bohrende Fragen der Sorte: »Und woher kommst du denn nun wirklich?«, waren keine schönen Erfahrungen. Ich habe beschlossen, dass ich als Reaktion auf diese Frage nicht mehr wie früher meine ganze Familiengeschichte auspacke. Das geht einfach niemanden etwas an!

Ich hatte etliche Erfahrungen dieser Art und doch lesen mich einige Leute in meinem Umfeld als weiß. Ich habe Momente, in denen ich wirklich nicht einschätzen kann, wie mich Menschen sehen. Passt es in den Kontext, dann ›oute‹ ich mich als PoC. Manche Personen sind überrascht, für andere ist es seltsam, dass ich das explizit erwähne, da es ja offensichtlich sei. Auch hier begegnet mir diese Ambivalenz, die mich bereits mein ganzes Leben lang begleitet.

Als es ›klick‹ machte

Ich vermied es lange, mich mit meiner Identitätsfindung zu beschäftigen. Rassistische Erfahrungen waren unangenehm und triggerten mich. Ich wischte sie jedoch einfach beiseite.

Das funktionierte bis zu meiner eingangs erwähnten Lebenskrise, bei der ich mich in allen Lebensbereichen zu hinterfragen begann. In dieser Zeit hatte ich zwei Schlüsselerlebnisse, die mich zum Nachdenken brachten.

Ich datete eine Frau aus Palästina. Sie war ein wirklich inspirierender Mensch und wir verstanden uns gut. In einer Diskussion warf sie mir vor, dass ich als weiße Person meine Privilegien nicht reflektieren würde. Dass ich zu diesem Zeitpunkt Privilegien nicht reflektierte, damit hatte sie definitiv Recht. Was mich jedoch nachdenklich stimmte, war die Frage, ob ich so weiß bin, wie sie es behauptete. Fließt nicht in unser beider Adern arabisches Blut? Sie war die erste Person, bei der ich diese Gedanken zulassen konnte. Diese Zeit war für mich sehr aufwühlend. Ich wollte an dem Thema arbeiten, wusste jedoch offen gesagt nicht wie. Über Besatzungskinder und Besatzungsenkel gibt es nicht sehr viel Literatur und ich kannte niemanden, mit dem ich mich darüber hätte austauschen können.

Ungefähr zwei Jahre später fand ich mich in einer Gruppe wieder, bei der es um das Thema Diskriminierung und Rassismus ging. Ich wurde gefragt, ob ich mich als weiß oder PoC definiere. In diesem Moment war ich sprachlos, ich wusste nicht, was ich darauf antworten sollte. Es arbeitete extrem in mir. Ich fand einen queeren BIPoC Verein und nahm dankbar ein Beratungsangebot in Anspruch. Dort konnte ich all meine Fragen stellen und es war ein wirklich gutes und tiefgründiges Gespräch. Ich las mich daraufhin in der Anti-Rassismus-Literatur ein und machte mich mit den entsprechenden Theorien vertraut. Ich meldete mich für einen zweitägigen Anti-Rassismus-Workshop an und erlebte dort, wie viel Rassismus auch in mir steckte und immer noch steckt.

In Gruppenarbeiten – mit ansonsten nur weißen Menschen – realisierte ich, dass ich in etlichen Punkten anders tickte als sie. Ich sah vieles aus einem anderen Blickwinkel. Ich machte im realen Leben andere Erfahrungen als meine Seminarkolleg*innen. Das Training triggerte mich immer wieder in meiner eigenen Biografie. Bei manchen Einheiten wurde ich ganz still und musste tief durchatmen, weil alte Erlebnisse hochkamen.

Das Seminar wirkte noch lange nach. Ich führte viele Gespräche mit meinem Herzensmenschen, die mir sehr halfen. Das war für mich der Moment, in dem es ›klick‹ machte.

Ich bin eine Person of Color, ohne Wenn und Aber. Endlich Klarheit zu haben, erleichtert mich, gibt mir Selbstvertrauen und ein ganz neues Selbstverständnis.

Trotz meiner bisherigen Aufarbeitung habe ich noch deutsche und arabische Aspekte in mir, die noch nicht im Einklang miteinander stehen. Ich sehne mich danach, diesen inneren Kampf zu befrieden.

Ich bin glücklich, stolz und voller Vorfreude, diesen Weg weiterzugehen.

Rutta Mekonen

Sisterhood – MASK OFF, QUEEN

Ein lautes Lachen ist zu hören, dann zwei, drei, vier, fünf, sechs, sieben, acht, neun, zehn und schlussendlich elf Frauen, die gemeinsam lachen. Aus dem Lachen heraus entsteht Freude. Diese Freude breitet sich aus und expandiert im Raum. Dieses Geräusch ist wie Musik, selbstkomponierte Musik, die keinem Genre zuzuordnen ist, außer dem Genre ›*Good Mood*‹, wenn es dieses überhaupt gibt. ;-) Genau diese Szene fällt mir als Erstes ein, wenn ich an *Sisterhood*[1] denke.

Was wir Menschen alle gemeinsam haben, ist der Wunsch, gesehen und gehört zu werden und dafür Wertschätzung zu erfahren. Was aber, wenn Frau sich nicht zeigt, wie sie ist, weil sie Angst hat, genau dafür keine Wertschätzung zu bekommen. Im Gegenteil vielleicht sogar Ablehnung erfahren könnte. Die Maske des Schutzes bleibt besser getragen, bis, ja, bis elf Frauen zusammenfinden. Zusammenfinden, um zu tanzen, »bis die Wolken wieder lila sind«[2], um zu weinen, bis die Augenränder aussehen, als würde man eine Brille tragen. Um zu lachen, bis Bauchmuskelschmerzen zu spüren sind, um über Erfahrungen und Emotionen zu sprechen, die eigentlich im Verborgenen bleiben sollten. Im Verborgenen vor Schuld und Scham. Schuld und Scham, weil einem nicht bewusst war, das Gefühl und die Erfahrung gar nicht exklusiv für sich zu haben. Was für eine Erleichterung. Eine Erleichterung, die sich körperlich ausbreitet – die Schultern werden leichter, die Brust breiter und der Kopf hebt sich.

Es entsteht Selbstvertrauen. Vertrauen entstanden durch das Zeigen des authentischen Selbst, und die Tatsache, dafür Wertschätzung zu bekommen, wenn nicht gar geliebt zu werden. Ein individuelles Vertrauen, das in kollektiver Stärke mündet. Eine Stärke von innen, die eine tragende Kraft

1 engl. Schwesternschaft.

2 Marteria, Yasha, Miss Platnum, 2012, Lila Wolken.

auch über die physische Präsenz hinaus hat. Es bleibt ein Gefühl von: »Ich kriege das hin! Ich kriege das hin, welche Herausforderung auch immer auf mich wartet, weil ›wir kriegen das hin‹.«

UBUNTU – ICH BIN WEIL DU BIST

Sisterhood ist ein Geschenk. Dadurch lernt man, was Frausein bedeutet. Nicht das, was uns von außen suggeriert wird: schön, dünn, lange Haare, verheiratet, mit zwei Kindern (ein Mädchen und ein Junge), ewig gut gelaunt.

Es bedeutet, vulnerabel zu sein und gleichzeitig stark, ungeschminkt und gleichzeitig schön, müde und gleichzeitig lebendig, traurig und gleichzeitig zufrieden, unabhängig und gleichzeitig abhängig, allein, ohne einsam zu sein.

»Sisterhood is a journey not a destination.«

Jetzt stell dir vor, wie eine Gesellschaft, eine Organisation, eine Familie, eine Freundschaft aussehen würde, wenn wir alle solch eine Sister- oder Brotherhood-Verbundenheit fühlen würden. Eine Verbundenheit, die jeder*jedem einzelne*n zeigt, wie wunderschön sie*er ist – von innen und außen. Dass sie*er nicht allein ist und immer getragen und gestärkt wird. Dass sie*er geliebt wird, auch wenn sie*er sich gerade selbst nicht lieben kann. Dass sie*er ihre*seine Maske ablegen darf und gesehen wird und genau dafür gefeiert wird. Dass sie*er sich ausheulen darf und ihr*ihm ein Taschentuch gereicht wird. Ein Taschentuch voller Mitgefühl, Liebe, Verständnis und Wertschätzung.

Aus dieser Vorstellung heraus ... Wenn dir das Bild gefällt, dann lass uns damit anfangen. Anfangen ohne Maske zu leben, stattdessen mit Flügeln. Flügel, die dich fliegen lassen und andere dabei unterstützen, ebenso zu fliegen.

MASK OFF, QUEEN

III.
Mütter

Ellen Wagner

Ich sehe dich

Triggerwarnung: Mord

Du wunderschöner Mensch. Ich sehe dich.

Sie sagen dir, du bist nicht schön, du bist nicht richtig. Sie sagen dir, du machst das falsch, du bist zu laut. Sie sagen dir, du musst das anders machen, so wie du das macht ist es nicht gut genug.

Du glaubst ihnen. Du denkst du bist nicht schön, du bist falsch. Du glaubst ihnen. Du meinst, du bist so laut. Du glaubst ihnen. Du versuchst, es anders zu machen, du denkst, du bist nicht genug.

Glaube mir, wenn ich dir sage: Du bist schön, du bist richtig. Du machst es richtig, du bist nicht so laut. Du musst es genau so machen, und du bist genug.

Du wunderschöner Mensch. Ich sehe dich.

Sie sagen dir, stell dich nicht so an, sie haben es nicht so gemeint. Sie sagen dir, nur böse Menschen machen sowas, sie aber doch nicht. Sie sagen dir, du bist zu empfindlich, du bist unbequem, du bist anstrengend.

Du glaubst ihnen. Du glaubst, du übertreibst, du glaubst, du bist das Problem. Du glaubst ihnen. Sie gehören ja zu den guten Menschen, sie verletzen dich nicht. Du glaubst ihnen. Du musst es falsch empfinden, du kritisierst so viel, du stellst zu viel infrage.

Glaube mir, wenn ich dir sage, deine Reaktion ist gerechtfertigt, sie sind das Problem, nicht du. Ja sie machen das, auch gute Menschen können andere verletzen. Deine Gefühle sind richtig, du darfst dich wehren, du darfst dich schützen.

Du wunderschöner Mensch. Ich sehe dich.

Sie sehen dich nicht. Sie hören dich nicht. Sie töten dich.
Sie vergessen dich.
Glaube mir, wenn ich dir sage, ich sehe dich.
Glaube mir, wenn ich dir sage, ich höre dich.
Glaube mir, wenn ich dir sage, ich trauere um dich.
Glaube mir, wenn ich dir sage, ich werde dich niemals vergessen.

Du wunderschöner Schwarzer Mensch, ich sehe dich.

Vera Atwell-De Nobrega

Brief einer Underdog-Mama

Liebes Kind,

wenn du dich doch nur durch meine Augen sehen könntest!

Was für ein Wunder ... du hast mich schon bei deiner Geburt beeindruckt!
Wie du durchs Wasser in die Welt geglitten bist.
So ruhig, so stark, so lebendig. Ganz ohne Ängste!
Als ich dich noch vor deinen ersten Atemzügen auf meinen nackten Bauch legte, wusste ich sofort:
Du bist gut, so wie du bist!

Der Anblick deiner dunklen braunen Augen sagte mir gleich:
»Mama, sorge dich nicht; ich komme klar!«
Oft habe ich an diesen Moment gedacht.
Jedes Mal, wenn dir Steine in den Weg gelegt wurden,
Jedes Mal, wenn du dich nicht gesehen oder wertgeschätzt gefühlt hast,
Jedes Mal, wenn dir aufgrund deines Äußeren, deines Geschlechts oder deines Namens Wege versperrt geblieben sind,
habe ich mich gefragt: Wie kann ich dich nur beschützen?

Dann ist es mir wieder eingefallen.
Ich habe die Augen geschlossen, tief durchgeatmet und hörte:
»Mama, sorge dich nicht, ich komme klar!«
Desto älter du wirst, desto leiser wird deine Stimme
Aber ich höre sie noch ganz deutlich.
Egal, welche Hürden vor dir stehen. Egal, wie dich andere sehen.
Egal, ob du permanent unterschätzt wirst. Denke immer daran:
»Du bist gut, so wie du bist, und stark!«

Nein, ich meine nicht das ständige Zähnezusammenbeißen, lächeln und durch.
Stark sein ist viel mehr!
Stark sein ist, in jeder Situation zu deinen Gefühlen zu stehen – egal zu welchen.
Höre auf deine innere Stimme. Denn sie ist wichtig.
Lass dir niemals einreden, wie du zu fühlen oder nicht zu fühlen hast.
Denn Emotionen und Verletzlichkeit zeigen dir, dass du lebst, mein Kind!!

Vergiss nicht, jede Krise in deinem Leben macht dich stärker.
Auch wenn du dich nicht in dem Moment so fühlst.
Wenn du jedoch tief in dich hineinhorchst, hörst du es:
»Sorge dich nicht, ich komme klar!«

Vergiss nicht, blicke ab und zu zurück.
Dann kannst auch du es ganz deutlich sehen:
Wie weit du gekommen bist!
Wenn du dich doch nur durch meine Augen sehen könntest.

Deine Underdog-Mama

Mia Hoàng Dung Vũ

Sandalen im Schnee

»Ich stieg aus dem Flugzeug und es war so kalt. Überall war es weiß. Zum ersten Mal sah ich Schnee in meinem Leben und ich hatte nur Sandalen an!«

Das war 1989. Sie hatte, wie gesagt, nur Sandalen an und stapfte damit durch den Schnee, bis sie in das Flughafengebäude eintreten konnte. Wieso sie Sandalen anhatte? In Vietnam, insbesondere in dem tropischen Gebiet, in dem sie aufgewachsen war, gab es damals keine Wintersachen zu kaufen, sonst hätte sie sich wohl wenigstens Sneaker gekauft. Diese kleine Geschichte erzählt meine Mutter meinem Bruder und mir jedes Jahr aufs Neue. Gerade an dem Jahrestag – ja, sie hat für ihre Ankunft einen Jahrestag – erzählt sie gerne, wie sie das erste Mal den deutschen Boden betrat und wie doll ihre Füße froren. Das alles tut sie auf Vietnamesisch. Sie bestand schon immer darauf, dass wir zu Hause Vietnamesisch redeten. Dafür bin ich ihr dankbar.

1989 war Vietnam noch ein Bruderstaat der DDR und meine Mutter kam daher als Vertragsarbeiterin nach Deutschland. Sie war gerade mal 18 und sprach kaum Deutsch. Sie hatte nicht mehr als zwei Monate Deutschunterricht bekommen und nähte mit anderen vietnamesischen Frauen Feuerwehranzüge in einer Fabrik auf dem brandenburgischen Land. Dabei lebte sie mit drei vietnamesischen Frauen in einem Zimmer in einem Wohnheim mit anderen 40 jungen Vietnamesinnen. Es war also nicht überraschend, als meine Mama erzählte, dass sich die Frauen zankten und sich Grüppchen formierten. Andererseits kochten und quatschten die Frauen auch miteinander. Sie waren alle etwa so jung wie meine Mutter und neu in einem fremden Land. Es war nicht das Ziel, Freundschaften zu knüpfen. Schließlich waren sie da, um zu arbeiten und das Geld an ihre Familien, Eltern und Geschwister in Vietnam zu schicken. Dennoch schweißte diese gemeinsame

Erfahrung auch zusammen. Einmal wurde das Tagebuch meiner Mama vor versammelter Mann-, genauer gesagt, Frauschaft vorgelesen. Ich wäre höchst beleidigt gewesen, meine Mutter meinte hingegen nur, es seien Spielereien junger Frauen gewesen. Sie hätten sich einfach alle gegenseitig geärgert und sonst wäre ja auch nicht so viel auf dem Lande los gewesen.

Unter den Vietnames*innen kennt man sich, behaupte ich wenigstens. Denn viele, die neu in Deutschland sind, suchen den Kontakt zu anderen Vietnames*innen – wegen der Kultur, wegen der Sprache, der Sehnsucht nach der Heimat und dem Bedürfnis, sich davon etwas zu bewahren. Mein Vater kam auch als Vertragsarbeiter in die damalige DDR und arbeitete in einer Fabrik, wo er Druckmaschinen für Zeitungen herstellte. Er war zehn Jahre älter als meine Mutter. Durch die Communitytreffen lernten sie sich also irgendwo rund um Brandenburg und Berlin kennen, heirateten schnell und bekamen mich 1991 kurz nach der Wende.

Ich hatte mich mal gefragt, was aus den vietnamesischen Vertragsarbeiter*innen nach der Wende wurde. Die deutsche Bundesregierung bot wohl Geld an, im Fall meiner Eltern um die 3000 D-Mark, sodass die Vertragsarbeiter*innen wieder in ihre Herkunftsländer zurückkehrten. Bei zwei Monaten Deutschunterricht war eine richtige Integration in die deutsche Gesellschaft, jedenfalls bei meiner Mutter, wohl nie eingeplant gewesen. Meine Eltern schlugen dieses Angebot aus und blieben, wie mutig und zuversichtlich sie wohl waren, in Deutschland. Viele gingen auch zurück. Andere, wie meine Eltern, blieben. Ohne Ausbildung, ohne große Deutschkenntnisse und mit einer neuen Staatsform, mit der sie – nie! – bisher in Kontakt gekommen waren, finde ich dieses Unterfangen bis heute, recht waghalsig und mutig und ein Fünkchen naiv. Aber wer nicht wagt, der nicht gewinnt. Meine Mutter hatte damals die Näher*innenausbildung in der DDR begonnen, da jedoch diese Fabrik nach der Wende geschlossen wurde, konnte sie die Ausbildung nicht beenden. Meine Eltern wurden stattdessen selbstständig und sie sind es bis jetzt immer noch. Ich ziehe immer noch den Hut, gerade vor meiner Mutter, wie sie so unschuldig mit knappen 18 Jahren, aus dem Flieger ausstieg, um ein neues Leben anzufangen.

Shakira Jimenez

Reisende

Triggerwarnung: Frauenhaus, Gewalt, Rassismus, Tod, Trauer, transgenerationale Traumata

Es ist 1997 und eine 30-jährige Frau holt zwei Kinder vom Flughafen ab. Sie sind neun und sieben Jahre alt. Die Frau ist meine Mutter und die Kinder sind mein Bruder und ich. Wir hatten sie knapp neun Monate nicht gesehen. Während sie unser neues Leben in Deutschland organisiert hatte, hatten mein Bruder und ich in der dominikanischen Heimat auf den Nachzug gewartet.

Im April 1997 beginnt meine Migrationsgeschichte. Es ist der Start unseres neuen Patchwork-Familienlebens. Meine Mutter, ihr 20 Jahre älterer weißer Mann und wir. Es klingt fast klischeehaft, aber unser Alltag war schnell geprägt von psychischer und physischer Gewalt durch ihren Ehemann, der sich – alkoholisiert – nicht unter Kontrolle hatte. In der Schule fand ich dagegen schnell Anschluss, auch wenn es dort zu Ausgrenzungserfahrungen und rassistischen Mikro- sowie Makroaggressionen kam, auf die ich schließlich mit bedingungsloser Assimilation reagierte. Ein Überlebensinstinkt. Heute weiß ich, dass das meine Art war, mich stark zu zeigen. Denn als zehnjähriges Kind of Color in einer norddeutschen Kleinstadt ohne Verbündete, die dem Mobbing ein Ende setzen konnten, war das meine Strategie gewesen: anpassen, bei verletzenden Witzen mitlachen und jegliche Aggressionen ignorieren.

Nach wenigen Jahren ist die Situation zu Hause jedoch nicht mehr auszuhalten. Meine Mutter schafft es, das Haus mit uns Kindern zu verlassen, und wir wagen einen Neuanfang in der nahen Großstadt. Das Frauenhaus ist unser Zufluchtsort. Der Ort, an dem ich endlich ohne Angst einschlafen kann. Der Ort, an dem meine Mutter Unterstützung bekommt. Der Ort, an dem ich so etwas wie einen Safer Space kennenlernen darf; inmitten vieler anderer traumatisierter Familien.

In all den Jahren habe ich meine Mutter als die stärkste Person empfunden. Sie hat sich selten krankschreiben lassen, obwohl ihr Job als Reinigungskraft in einem Krankenhaus körperlich hart war. In all den Jahren war sie stets stolz darauf, keine finanzielle Unterstützung durch das Amt in Anspruch genommen zu haben, obwohl sie ihr zugestanden hätte. Sie war es, die in all den Jahren als Alleinerziehende mein großes Vorbild war. Und sie war diejenige, die alles fast ganz alleine schaffte und die Weichen dafür stellte, dass mein Bruder und ich eine gute schulische Bildung erhielten. Sie stellte sicher, dass wir in Sicherheit waren, auch wenn es bedeutete, dass sie körperlich an ihre Grenzen kam.

Ich studierte und verließ die Uni mit einem guten Masterabschluss, reiste durch Europa und lernte sogar zwei afrikanische Länder kennen. Ich liebte es, unabhängig zu sein, mich stark zu fühlen und mein Potenzial zu entfalten.

Mit der Mutterschaft änderte sich dann vieles. Ich fühlte mich eingesperrt, schwach, abhängig. Als hätte ich mit der letzten Wehe nicht nur eine wundervolle Tochter bekommen, sondern gleichzeitig meine Spontanität, Selbstständigkeit und Freiheit verloren. Die Mutterschaft kam mit Selbstzweifeln, Druck und einem ewigen schlechten Gewissen im Gepäck. Aber warum beschwerte ich mich, wenn ich doch ein Baby wollte? Andere Mütter schaffen das doch alles und meckern nicht? Immerzu ist mir von Menschen und der Gesellschaft eingeredet worden, dass ich falsch sei. Dass ich zufrieden sein sollte, weil ich mir das so ausgesucht hatte. Dass Mutterschaft nun mal so sei. Aufopferungsvoll. Voller Opfer.

Ich empfand diese Situation in der Partnerschaft als nicht mehr sicher für mein Kind, für mich und meinen Partner und so trennte ich mich. Mit 30 war ich alleinerziehende Mutter eines einjährigen Kindes. Diese Konstellation kannte ich. Ich wusste, was zu tun war. In diesem Rahmen hatte ich die Kraft mich mit meiner Biografie, ein stückweit mit der Familiengeschichte und schließlich mit Antirassismus und Mutterschaft auseinanderzusetzen. Ich erfuhr von dem Narrativ der starken, robusten, sich nicht beschwerenden Schwarzen Frau. Von der aufopferungsvollen Mutter, die in ihrer Mutterschaft aufging, den Haushalt führte und dem Partner den Rücken stärkte. Von der Mutter, die selbstverständlich liebte, ganz natürlich die erste Bezugsperson für das Kind war und unglaubliche Dankbarkeit verspürte, wenn der Partner auch mal half und ihr einen freien Nachmittag verschaffte. Selbstaufgabe statt Selbstverwirklichung. Ausweg ausgeschlossen.

Ich erfuhr auch von transgenerationalen Traumata. Dieses Phänomen wird besonders häufig in der Auseinandersetzung mit den Traumata von Holocaustüberlebenden beobachtet und bedeutet die Übertragung schmerz- und gewaltvoller Erfahrungen, die von der einen in die Folgegeneration transportiert werden können. Dabei geschieht dieser Transfer in der Regel unbeabsichtigt und ungewollt; insbesondere dann, wenn die Traumata nicht verarbeitet worden sind. Aber auch die Weitergabe traumatischer Erlebnisse, wie etwa Sklaverei, Flucht und Vertreibung, überlebte Naturkatastrophen oder Gewalt können mit diesem Begriff beschrieben werden.

Wie meine Mutter teile ich – inzwischen mit neuem Partner und einem zweiten Kind – die Verantwortung für zwei kleine Kinder, die so schwer wiegen wie Tausende Tonnen. Geht es ihnen gut? Bekommen sie, was sie benötigen? Und was ist mit mir? Aus vorangegangener Erfahrung weiß ich, dass Mütter das schon schaffen. Schwarze Mütter nehmen sich keine Pausen und verlassen sich am besten auf sich selbst. Meine eigene Mutter war mir schließlich das beste Vorbild. Der Rücken schwer und der Kopf voll. »Es ist nicht leicht«, hat sie gesagt, »aber wenn ich es nicht mache, wer tut es dann? Auf Väter ist kein Verlass und Männer lieben dich, solange du nicht unangenehm bist, und am allerbesten machst du das sowieso alles alleine.«

»Stimmt«, nicke ich, wann immer schwierige Situationen im Alltag auftreten. »Mein Sicherheitsnetz ist verlässlich. Ich verlasse mich auf mich.«

Ich bin das Erbe mehrerer Generationen. Auf mir lastet die Aufgabe, dieses Erbe, die schmerzvollen Erfahrungen, aufzuarbeiten und sie in der Vergangenheit zu lassen. Es ist meine Aufgabe, diesen Kreislauf zu durchbrechen. Denn meine Oma starb mit Mitte 50. Meine Mutter starb im Geburtsjahr meiner zweiten Tochter mit nur 54 Jahren. Schwarze Frauen sterben früh. Weil die Müdigkeit, die Wut, die harte Arbeit von 500 Jahren auf uns lasten. Weil Pausenmachen ein Privileg ist, das ihnen und uns nicht zugestanden wird. Weil das Bild der stolzen Schwarzen Mutter, die alles schafft, so stark ist, dass es uns letztendlich schafft. Es schafft uns, bis wir dann zu jung sterben. Und so schreibe ich. Um meine Gefühle fassen zu können. Schreiben ist mein Akt der Selbstermächtigung. Ich schreibe unsere Geschichte. Und so tanze ich. Um mich lebendig zu fühlen. Tanzen bedeutet, mich zu erinnern und stärkt meinen Körper. Er ist lebendig und leicht. Ich bin in einer Partnerschaft, die auf Respekt und Dankbarkeit basiert. In der wir uns alle Aufgaben aufteilen, weil wir uns beide für Kinder entschieden haben. Weil er möchte, dass es mir gut geht. Und weil die Aufgaben auf vier Schultern verteilt immer noch viel wiegen, aber aushaltbar sind. Meine Achtsamkeit ist meine Art zu protestieren. Sie ist Empowerment. Und Protest. Und meine Achtsamkeit ist hoffentlich meinen Kindern und anderen Schwarzen Menschen ein Vorbild.

Traumatische kollektive Erfahrungen werden über Generationen vererbt. Aber ich möchte daran glauben, dass es möglich ist, positive Veränderungen herbeizuführen. Ich habe das Gefühl, dass ich auf der Reise bin. Die Stationen dieser Reise sind die Aufarbeitung von Kolonialismus, Sklaverei, die Reflexion meiner Mutterschaft und der Umgang mit der Trauer. Es fühlt sich an wie ein Prozess, an dessen Ende ich noch nicht gelangt bin. Und das ist ok. Ich darf stolz sein, denn die Reise ist nicht leicht. Und ich bewundere jede Etappe, jede Erkenntnis, jeden Aha-Moment. Ich bewundere den Prozess, statt nur das mir unbekannte Ziel. Und vielleicht geht es am Ende gar nicht um ein Ziel, sondern darum, sich auf die Reise begeben zu haben.

IV.

Bildung & Erziehung

Sara Asfaha

Empowerment afrodiasporischer Kinder

Das Kind in dir muss Heimat finden[1] heißt eines der beliebtesten Psychologie-Selbsthilfe-Bücher, das sich mit der Heilung des inneren Kindes auseinandersetzt. Das Kind in dir, das verletzt wurde, wird spätestens mit den Kindern, die du zur Welt gebracht hast oder um die du dich kümmerst, hervorgekrochen kommen. Alle Verletzungen, die du nie beachtet oder unter den Teppich gekehrt hast, explodieren plötzlich aus dir heraus. Und dann stehst du da voller Verzweiflung, weil du doch geworden bist, wie du nie sein wolltest. Erkennst du dich wieder? Ich bin du.

Intergenerationales Trauma vererbt sich nicht nur durch unsere DNA, sondern auch durch unser Verhalten und das ist das Stück, das wir verändern können. Durch *Empathische Elternschaft* können wir sowohl unserem inneren Kind als auch unseren uns vom Universum anvertrauten Kindern eine Heimat geben. Diese Heimat, diesen sicheren Ort, den wir alle suchen, können wir mit Empathischer Elternschaft unseren Kindern und uns selbst schaffen.

Wir können uns heilen, während wir selbstbewusste Kinder erziehen und indem wir uns selbst empathisch in unserer Elternschaft begegnen.

Was ist Empathische Elternschaft?

Der Begriff stammt von Sohra Behmanesh[2], Antirassismus- und Empathische-Elternschaft-Trainerin. Es gibt viele Begriffe, die im Kern dasselbe beschreiben: Peaceful Parenting/ Gentle Parenting, bindungsorientierte Elternschaft, um nur einige zu nennen.

Letztendlich geht es aber immer um eine selbst-bewusste Beziehung zu sich und zu den Kindern. Selbst-bewusst, weil das Bewusstsein über die

1 Stahl, 2015.
2 Behmanesh, 2019.

eigenen Wünsche, Ziele, Erwartungen und vor allem Verletzungen eine entscheidende Rolle in der Erziehung spielen. Empathische Elternschaft ist ein Lernprozess. Wir lernen von unseren Kindern täglich mehr über unsere Trigger, über festgefahrene Verhaltensweisen und Denkmuster. Unsere Kinder wollen geliebt, gehört und gesehen werden. Alle Kinder wollen so angenommen werden, wie sie sind. Auch du und dein inneres Kind wollen wissen, dass sie gut sind, wie sie sind. Und ich sage dir: »Du bist gut, genauso wie du bist. Du wächst, du heilst und das ist nicht immer leicht. Elternschaft schafft. Schafft physisch, schafft mental. Aber eine geführte Elternschaft kann dich auch neu erschaffen.«

Die Grundpfeiler der Empathischen Elternschaft sind für mich die Fähigkeiten der Eltern zur Selbstreflexion: Wie erkenne ich meine Trigger? Wie meine Stärken? Wie ist mein Ton – also was sage ich und wie sage ich es? Kann ich mich selbst regulieren und entschuldigen?

Und ein Wissen über die unterschiedlichen Entwicklungsstadien des Gehirns eines Kindes – Wissen darüber, dass das Kind einen Tank hat, der ganz besonders mit diesen zwei Dingen gefüllt werden will. Einerseits Bindung und andererseits Selbstaktualisierung.

Das Kind will gesehen, gehört und geschätzt werden.

Empathische Elternschaft und Rassismuskritik in der Erziehung: Warum ist das Empowerment?

Eine Erziehung auf Augenhöhe, na ja, fast Augenhöhe, eine liebevolle, bindungsorientierte Erziehung, eine Erziehung, die bestärkt, die das Selbstwertgefühl und das Bewusstsein für das Ich stärkt, ist unabdingbar. Als Eltern dieses Bewusstsein zu haben, ist ein riesiger Schritt. Gleichzeitig ist das Bewusstsein allein nicht ausreichend – auf die Umsetzung kommt es an. Wie empowern wir die Jüngsten, die Kinder, die vulnerabelste Gruppe in unserer Gemeinschaft? Empowerment muss eigentlich überall stattfinden. In den Kitas, in den Schulen, in der Ausbildung, in jeder Institution. Empowerment von Kindern ist die herausforderndste Form von Selbstbild-Stärkung. Überall da, wo unsere Kinder in Kontakt mit anderen Menschen kommen, wird für sie ein weiteres Puzzlestück zu ihrem Selbstbild gelegt. Zu Hause von ihren Eltern, Geschwistern, Großeltern, nahen Verwandten. In Spielgruppen oder in der Kita von Kindern und Erwachsenen. In der Schule von Lehrer*innen, Schüler*innen, Hausmeister*innen. Wie sehen die Erwachsenen aus? Wie die Kinder? Wie schauen sie mich an? Schauen sie mich an? Fassen sie mich ungefragt an? Sind sie mir zugewandt? Ein »Du gehörst hier nicht dazu« muss nicht ausgesprochen werden. Genauso wenig ein »Du gehörst hier dazu, du bist genau so richtig wie du bist« oder »Wir sind froh, dich hier zu haben.« Kinder spüren das genauso wie wir Erwachsenen.

Wir brauchen Gemeinschaft. Unsere Kinder brauchen Gemeinschaft und Bindung, Empathie und ein starkes Selbstwertgefühl, damit sie die Traumata nicht in die nächste Generation tragen. Rassismus und unterschiedliche Diskriminierungsformen zu thematisieren, muss genauso ein Bestandteil unserer Erziehung sein wie ein Wissen, das Europa dezentriert. Die wirtschaftliche Bedeutung Afrikas, die Rohstoffe, die Helden des Kontinents, die emotionalen und kulturellen Reichtümer, um ein Bewusstsein für sich zu haben, bevor dieses Bewusstsein, die eigene Geschichte und das Selbstwertgefühl von außen geformt werden.

Mit meinem 4-jährigen Kind musste ich schon über Rassismus, Selbstwert und Freundschaft reden. Was bedeutet Freundschaft überhaupt? Wann ist es keine Freundschaft? Was ist Ausnutzen? Was sich umeinander kümmern? Wir redeten und reden täglich über Grenzen. Darüber, die eigenen Grenzen und die Grenzen anderer zu wahren. All das hängt miteinander zusammen. Ich ermächtige mein Kind, indem ich ihm zeige, dass es sich wehren darf. Ich ermächtige mein Kind, indem ich selbst ermächtigt handle und für mich einstehe, auch vor ihm, und beim Geschehen anspreche, was ich rassistisch und übergriffig finde. Indem ich andere Eltern auf ihre Ignoranz aufmerksam mache, wir in unserer Eltern-Kind-Beziehung offen kommunizieren und die Erwachsenen bereitwillig Fehler eingestehen können.

Ich wage sogar zu behaupten, dass Empathische Elternschaft mehr als eine gute Bindung zum Kind ist. Mehr als Innere-Kind-Arbeit, mehr als friedvolle Sprache. Im tiefsten Inneren ist Peaceful-Parenting Anti-Rassismus-Arbeit. Vieles, was wir von uns als Schwarze Menschen glauben, ist uns anerzogen worden. Einerseits von der Gesellschaft, durch Bücher und Filme. Das kolonialisierte, kapitalistische Mindset aller wirkt stark auf das Selbstwertgefühl Schwarzer Kinder.

Die deutsche Gesellschaft, die sich nicht mit ihrer kolonialen Geschichte auseinandersetzt und demnach die Kontinuität dieser in ihrer Kinderliteratur leugnet. Die deutsche Gesellschaft, die sich für frei von Rassismus hält und gerne mit dem Finger auf andere Länder zeigt. Die weiße deutsche Dominanzgesellschaft, die glaubt und es auch sehr gut nach außen vermarktet hat, dass sie ihre Rolle im Nationalsozialismus verarbeitet hat.

Andererseits die internalisierte rassistische Stimme der Eltern und anderer Schwarzer Bezugspersonen.

Diese Stimmen, die loben, wenn du light-skinned bist, deine Haare glatter und länger sind, du schlank bist – aber bitte nicht zu schlank. Diese Stimmen, die immer wieder ›Ach Afrika‹ sagen, wenn Krieg geführt wird, ohne zu reflektieren, dass Europa noch immer hinter diesen Kriegen steht.

Peaceful-Parenting, gepaart mit historischem Wissen über panafrikanische Identität und altersgerechte, rassismuskritische Erziehung ist das, was afro-diasporische Kinder brauchen.

Elizabeth Adjei-Acheamfour

Ein Hürdenlauf der Repräsentation

Wie erlebe ich *Empowerment* für mich? Wenn ich versuche, mir näher Gedanken zu machen, entsteht in meinem Kopf ein Spaghettisalat. Tausend Gedanken und die Frage, wo ich anfangen soll. Zwei Stimmen sind laut. Die eine Stimme ruft: »Schreib über dich als Person!« Die andere Stimme ruft: »Schreib über deinen Beruf mit Kindern und Jugendlichen!« Und nun sitze ich an meinem Tisch und denke mir: »Warum schreibe ich nicht über beides? Wer meine Geschichte nicht kennt, weiß auch nicht, warum ich am Ende da gelandet bin, wo ich jetzt bin.«

Fangen wir also bei mir als Person an! Ich bin als älteste Tochter und als zweites Kind von insgesamt fünf Kindern in einer Kleinstadt im Süden Niedersachsens groß geworden und aufgewachsen. Meine Mutter ist als *weiße* Frau in Deutschland geboren, aufgewachsen und sozialisiert. Mein Vater ist als Schwarzer Mann in Ghana geboren, aufgewachsen und sozialisiert. Bis zur Schulzeit habe ich meine Familie wie jede andere gesehen. Mich wie jedes andere Kind gesehen. Meine Geschwister sind meine besten Freunde und wie vermutlich viele Kinder freute ich mich, zur Schule zu gehen. Trotzdem hatte ich relativ früh den Eindruck, dass ich ›anders‹ gesehen wurde. Dazu zählte die *weiße* Innenseite meiner Hand, auf die ich von meinen Mitschüler*innen aus heiterem Himmel angesprochen wurde und die anscheinend nicht so recht zum Rest meiner sonst eher dunkleren Haut passte. Oder als ich in der ersten Klasse gebeten wurde (keine Ahnung, ob ich die Einzige war), meinem Klassenlehrer zehn Schimpfworte auf ›Afrikanisch‹ als Hausaufgabe aufzuschreiben und zum nächsten Mal mitzubringen. Da ich nicht wusste, was er meinte, fragte ich meine Eltern, die nur entsetzt und verärgert darauf reagierten. Es war nicht so, dass es keine Kinder *of Color* in meiner Klasse oder anderen Klassen gab ..., ich war nur die Einzige mit einem Afro und meine Geschwister und ich die einzigen Schwarzen Kinder auf der Grundschule. Es fühlte sich (in-)direkt oft so an, als wenn ich besonders wäre, allerdings selten positiv. Wie etwas Unausgesprochenes, worüber niemand so richtig sprechen möchte. Ich sah, dass meine Mutter *weiß* und mein Vater Schwarz war. Ich sah äußerliche Unterschiede. Mir war nur nicht klar, dass aus dem Unterschied ein Unterschied gemacht wurde. Seit der ›Entdeckung‹ meiner *weißen* Handinnenseite bin ich Schwarz. Was für eine Ironie! Meine Mutter erzählte mir Jahre später, dass sie eine ältere Frau einmal direkt gefragt hat, warum sie keinen deutschen Mann geheiratet habe. Auch der Vater meiner Mutter hatte nach dem ersten Treffen mit meinem Vater am Ende zu ihr gesagt, dass sie ruhig hätte erwähnen können, dass er Schwarz sei. Mein Vater war oft wütend aufgrund der Umstände. Sei es wegen des Spiels »Wer hat Angst vorm Schwarzen Mann?« oder weil fremde Leute das N-Wort zu mir sagten, was sich sofort komisch und gemein angefühlt hat. Wie kann es sein, dass ein Schimpfwort, das beinahe 500 Jahre alt ist, immer noch verwendet wird?

Auch wenn nicht alles toll war, ging ich trotzdem sehr gerne zur Schule. Ich merkte, dass ich gerne Gedichte aufsagen mochte, sogar in Theaterstücken spielte ich in der dritten Klasse meine erste Hauptrolle, in der vierten Klasse eine wichtige Nebenrolle. Ich traute mich, vor fremden Menschen zu spielen. Ich konnte in andere Rollen schlüpfen. Hier ging es nicht darum, wie ich aussah oder ob ich dazugehörte oder nicht. Ich war einfach ein Teil des Stücks. Und ich wurde gesehen! Ich und meine Leistung wurden gesehen und im wahrsten Sinne des Wortes beklatscht. Im Sport war ich auch ziemlich gut. Zu Hause liebte ich es zu singen. Seit ich sieben war, sang ich Lieder vom Kassettenrekorder oder CD-Player nach. Ich liebte es. Singen half und hilft mir, Dinge zu fühlen, für die ich manchmal keine Worte habe. Es tröstet und beruhigt mich. Manchmal auch, wenn ich Dampf ablassen möchte.

Gute Leistungen waren zu Hause immer sehr wichtig. Von uns wurde erwartet, gute Noten zu haben, studieren zu gehen und keine Last für die Gesellschaft zu sein. Die ein oder andere Person wird sich hier garantiert wiederfinden. Das hier sei nur ein kurzer Abstecher. Weiter geht es!

Von der Grundschule ging es weiter zur Orientierungsschule. In der fünften Klasse war ich stolz. Ich hatte das zweitbeste Zeugnis und A-Kurse. Die

Lehrer*innen kannten meinen älteren Bruder, mochten ihn scheinbar. Irgendwie mochten sie mich auch. Die Klasse ging, aber ich freute mich über alte und neue Freund*innen. In der sechsten Klasse hatte ich durchschnittliche Noten, trotzdem A-Kurse. Aus einer Empfehlung fürs Gymnasium wurde eine für die Realschule. An meinen Noten wurde dieser Trend vor der ganzen Klasse via *Overhead*-Projektor gezeigt. Ich wollte trotzdem aufs Gymnasium. Zum Glück waren Empfehlungen damals noch nicht verpflichtend. Überhaupt komisch, das Ganze ›Empfehlung‹ zu nennen, wenn es Jahre später oder in anderen Bundesländern keine Wahl gab, etwas zu ändern. Mein Mathe-Lehrer in der Sechsten wünschte mir verwundert: »Viel Glück ... mit diesen Noten« Ich dachte nur: »Dir zeig ich's!«. Und so ging ich aufs Gymnasium.

Wieso wurde überhaupt daran gezweifelt, dass ich es schaffe? Mein Vater sagte damals: »Kinder, die so aussehen wir ihr, schaffen es hier nur bis zur zehnten Klasse, danach hören sie auf oder brechen ab«.

Auch sehe ich für viele wie ein Schwarzes Mädchen aus, das sie von irgendwoher kennen. Manche riefen sogar nach einem fremden Namen. Schwarz = gleich? Deutsch = *weiß*?! Hab' ich nie verstanden! Das Mädchen, das wie jedes andere Schwarze Mädchen aussah, bekam ihr Abitur. Allerdings wurde bei der Punktezählung der Gesamtnote ein Rechenfehler gemacht. Ich war fast 1,2 Noten schlechter. Mitschüler*innen griffen ein und sagten bei der Verkündung, dass das nicht sein könne. »Oh, da haben wir uns wohl verrechnet!« Wieder fragte ich mich, was die Erwachsenen eigentlich für ein Bild im Kopf haben. »Nett isse ja, aber schlau kann se net sein.« Scheint ins Bild zu passen. Ich war meines Wissens die Einzige, bei der sie sich so enorm verzählt haben. Lag es daran, dass sie einem Schwarzen Mädchen aus einem finanzschwachen Haushalt nicht zutrauten, ein gutes Abitur zu machen? Ich war es mittlerweile gewohnt, dass mir weniger zugetraut wurde, weshalb ich es mittlerweile als inneren Antrieb sah, es allen erst recht zu zeigen. Nach der Schule kam die Uni. Ich war sehr aufgeregt. Es kamen so viele Eindrücke zusammen. Alles war irgendwie vielfältiger, größer und offener. So viel Repräsentation, es überforderte mich regelrecht. Auch mein Freundeskreis war viel diverser, viele waren mir ähnlich. Hier kannte mich niemand. Hier gewann ich nochmal ganz neue Freund*innen dazu. Hier konnte ich neu starten. Hier wurde ich offener und hatte das erste Mal das Gefühl, dass sich Leute tatsächlich mehr für mich als Person interessierten. Das kannte ich nicht aus der Kleinstadt, aus der ich ausgezogen war.

Das Kind in mir freute sich, doch es war sehr leise, weil die Erwachsene andere Dinge im Kopf hatte. Das viele Nichtdazugehören führte dazu, dass die Erwachsene einfach nur einen Punkt erreichen wollte, wo sie zumindest vom Grad der Bildung her möglichst unantastbar war. Der Schmerz und die Enttäuschung waren einfach zu groß. Also beschloss sie, diese Themen in eine Truhe zu sperren und wegzupacken. Sie schloss ihr Informatik-Studium ab und ging in die Wirtschaft. Ihr Profil wurde begrüßt, sie brauchte sich nun weniger Gedanken zu machen, nicht genommen zu werden. Ihre gesamte Arbeit hatte sich irgendwie bezahlt gemacht. Getragen von Familie und Freund*innen für kurz oder lang, die abwechselnd ihre größten Stützen und Vorbilder waren, glaubte sie, angekommen zu sein. Der Hürdenlauf der Repräsentation schien Ansporn genug gewesen zu sein. Trotzdem war sie nicht glücklich. Irgendetwas ist auf dem Weg dorthin verloren gegangen. Nämlich der Sinn bei der Arbeit. Er war nicht da! Die Erwachsene war so darauf fokussiert zu studieren, dass sie einfach etwas genommen hatte, was halt irgendwie zu ihrem Profil in der Schule passte. Keiner hatte das Mädchen mal gefragt, was sie wirklich machen wollte, geschweige denn, was sie gut kann. Dafür war keine Zeit. Kurz nach Beginn ihres ersten Jobs kam ein Gedanke auf. Sie wollte auf die ein oder andere Weise mit Menschen zusammenarbeiten. Soziales hatte sie immer irgendwie gemacht. Oft durchs Lehren, wie beispielsweise als ehrenamtliche Dozentin für einen PC-Kurs für ältere Menschen. Es war schön, Lernende selbst zu befähigen, etwas zu erreichen und keine Angst davor zu haben.

Bildung und Soziales! Das klang stimmig. So begann mein Weg in eine neue Richtung nach mehreren Jahren Schieflage. Über eine Weiterbildung und ein *Leadership*-Programm kam ich auf wundersame Art wieder zurück an die Schule. Ich, die immer sagte, sie wolle keine Lehrerin werden! Gut, das war auch nicht mein Job. Trotzdem war es doch die Ironie des Schicksals, als Unterstützung und mit eigenen Projekten Schüler*innen aus strukturell benachteiligten Stadtteilen zu fördern. Damals dachte ich, dass mein guter Wille, etwas zu bewirken, ausreichen würde und ich die Schüler*innen damit automatisch überzeugen würde. Bildung und ein guter Abschluss halt. Mein Bildungsweg lief eben doch sehr gerade. Die Truhe war bis zu dem Zeitpunkt immer noch verschlossen, begann sich aber langsam bemerkbar zu machen. Einige *People of Color* aus dem Leadership-Programm mussten sich teils vor anderen Stipendiat*innen rechtfertigen, warum sie in Hinblick auf eine Fortbildungsreise nach Sachsen ihre Sicherheit in Gefahr sahen. Und das kurz nach den Hetzjagden in Chemnitz im September 2018! *White fragility* ploppte in den Diskussionen das erste Mal auf, öffnete die Truhe einen Spalt weit. Davor schon der *Hashtag MeTwo*! Plötzlich fühlte ich mich wieder wie ein Kind, das an seine Erfahrungen von früher erinnert wurde. Das bis dato Dinge weggelächelt und unangenehme Situationen tendenziell eher schweigend hingenommen hatte. Es war ein wenig so, als wenn ein dichter Nebel anfängt, sich langsam zu lichten. Danach folgte Schlag auf Schlag. In der Schule selbst sah ich (un-)bewusste Andersbehandlung, Stereotype und Vorurteile. Und in ihren extremsten Formen den Rassismus und die Diskriminierung. Von Lehrer*innen und Schüler*innen. Festgefahrene Frustrationen und Annahmen. Im Mai 2020 die *Black Lives Matter*-Bewegung. Der Mord an George Floyd schlug ein wie ein Blitz. Der Nebel war weg, die Scheibe eingeschlagen und der Sturm am Wüten. Es ist, wie schutzlos auf einem offenen Feld zu stehen und kein Versteck mehr zu haben. Ich war vollständig Betroffene. Ich merkte, dass es viele um mich herum gab, die kaum Worte hatten … Erfahrungen nennt man es oft. Die Mechanismen und Begriffe dahinter sind wenig bekannt bis unbekannt.

Und so ging mein Weg wieder auf Reisen nach den Worten, die mir gefehlt haben. Die Schutzräume, die ich bewusst suchte und fand. Ein interessanter und dennoch schmerzhafter Weg. Ich fing an, Bücher zu lesen, mich noch mehr als vorher auszutauschen. Wie dankbar ich doch den vielen Menschen bin, die bereits so viel zu dem Thema zu sagen hatten/haben. Die Erkenntnisse, die ich in meiner Ausbildung zur Diversitäts-Trainerin daraus gezogen habe. Doch wo haben mich all diese Erfahrungen hingezogen? Wie früh muss angefangen werden, präventiv dagegen vorzugehen? Meine eigene Geschichte zeigt mir: Je früher, desto besser. Bereits bei den ganz Kleinen. In der Verwandtschaft, in der Kita, spätestens in der Grundschule. Hier kann jede*r Verantwortung übernehmen! Kinder sind, wie es Olaolu Fajembola & Tebogo Nimindé-Dundadengar in ihrem Buch *Gib mir mal die Hautfarbe*[1] erwähnen, ein Spiegelbild unserer Gesellschaft. Wenn sie

1 Fajembola, Nimindé-Dundadengar, 2021.

sich rassistisch äußern, sagt dies mehr über uns als über sie aus. Was kann jede*r von uns also tun, um auf individueller, auf institutioneller und auf struktureller Ebene einen Unterschied zu machen? Betroffene brauchen Empowerment, Möglichkeiten des Austauschs, Sichtbarkeit und Repräsentation. Kinder of Color oder Schwarze Kinder müssen leider viel früher darauf vorbereitet werden, dass sie rassistische und/oder diskriminierende Erfahrungen sammeln werden. Für *BIPoC* ist es hilfreich, Worte, Mechanismen und Strategien zu kennen, um Missstände zu benennen und diese an ihre Kinder weitergeben zu können. *Weiße* Eltern sollten sich, laut Fajembola und Nimindé-Dundadengar, mit ihrer eigenen Biografie zum Thema Rassismus und den damit verbundenen Privilegien auseinandersetzen. Und sich das, was ihnen gefehlt oder sie sich zu dem Thema gewünscht hätten, an ihre Kinder weiterzugeben. Und dies immer und immer wieder.

»Ich bin stolz auf dich!« – »Toll machst du das!« – »Schön, dass du hier bist!«

Diese und ähnliche Sätze sind das Grundgerüst meiner Arbeit mit Kindern. Heute arbeite ich als Projektkoordinatorin für ein Lernförderprojekt, in dem Kinder von der ersten bis siebten Klasse in Kleingruppen unterstützt werden, durch die Corona-Pandemie bedingte Lernrückstände wieder aufzuholen. Wenn ich einen Großteil der Kinder sehe, sehe ich teils meine eigenen Kämpfe und damit zum Teil auch ihre. Jedes auf andere Art und Weise. Lies nochmal die Sätze am Anfang dieses Absatzes! Wünschst du sie dir und den Kindern dieser Welt nicht auch? Du kannst jederzeit anfangen! Das Schöne daran: Es ist nie zu spät!

Thuvaraka T.

Identität 2.0

Ich hatte verschiedene Lieblingsfächer in der Schule. Dazu gehörten Biologie, Englisch, Latein und Musik. So wie es Lieblingsfächer gibt, gibt es auch Fächer, auf die man gar keine Lust hat. Politik und Geschichte waren die Fächer meines Grauens. Ich fand sie stinklangweilig und döste die meiste Zeit vor mich hin, als mein hagerer Geschichtslehrer, den ich damals auf eine Millionen Jahre schätzte, wieder einmal den Unterricht strukturlos und für alle Schüler*innen völlig verwirrend durchführte. Leider gehörte er zu der Sorte von Lehrkräften, die nicht gewillt waren, ihren Unterrichtsstil zu ändern, obwohl sich die Generationen an Schüler*innen nach seiner Referendarzeit verändert haben. Geschichte war sogar das Fach, das ich einmal geschwänzt hatte. Prompt wurde ich erwischt und konnte mir eine Standpauke des Schuldirektors Dr. C. anhören. Wahrscheinlich fragte sich der damalige Herr Dr. C., was jemand wie ich auf einem Gymnasium in Ostwestfalen zu suchen hatte? Wenn man sich das deutsche Schulsystem anschaut, hätte ich ihm diese Frage nicht einmal verübeln können. Wie hätte auch jemand wie ich, dessen Eltern keine Akademiker*innen waren, zum Teil von Sozialleistung lebten und die der deutschen Sprache bis heute nicht mächtig sind, es jemals auf ein Gymnasium schaffen können, bei dieser Art der Selektion nach der vierten Klasse? Wenn es nach meiner Grundschullehrerin gegangen wäre, wäre die Realschule, besser noch die Hauptschule, die bessere Option für ein Migrationskind wie mich gewesen – das Schicksal nahezu aller Migrationskinder, sofern sie nicht aus einem Akademiker*innenhaushalt und/oder einer finanzstarken Familie stammen. Obwohl ich in der Grundschulzeit gute Noten hatte und drei Sprachen beherrschte, mehr als jedes Kind sogenannter deutscher Herkunft, galt ich weiterhin als spracharm. Spracharm!!! Bei drei Sprachen? Ist das nicht paradox? Auch wenn der gesunde Menschenverstand jetzt »Ja« schreien würde, darf man die Wirkmächtigkeit von Rassismus nicht unterschätzen. Aber dazu später. Ich hatte also Glück, dass meine Eltern trotz mangelnder Deutschkenntnisse alle Hebel in Bewegung setzten, damit ich aufs Gymnasium gehen konnte. Heute kann ich selbstbewusst sagen, dass es viele Gründe für meinen erfolgreichen Bildungsweg als promovierte Biowissenschaftlerin gab: das Bildungsbewusstsein meiner Eltern, obwohl sie selbst nicht studiert hatten, mein Ehrgeiz, mein Wissensdurst und Lehrkräfte, die mein Potenzial sahen und mich förderten.

Aber zurück zum Anfang. Ich schwänzte damals also das Fach Geschichte in der neunten Klasse. Umso verwunderter war der gute Herr Dr. C., als ich vier Jahre später die mündliche Prüfung im Abiturfach Philosophie mit einer Eins Minus bestanden hatte und er mir völlig perplex die Benotung meines Philosophielehrers laut verkünden durfte. Hätte der wehrte Herr Schuldirektor in seinen kühnsten Träumen damals in Ostwestfalen, einer Gegend so weiß wie Schnee, gedacht, dass ich mein Studium mit 1.0 bestehen und sogar einen Doktortitel erwerben würde? Wohl eher nicht. Geschwänzt habe ich damals nur dieses eine Mal, dazu war mir die Schule zu wichtig und das Lernen machte mir Spaß. Rückwirkend kann ich sagen, dass mein mangelndes Interesse an den Fächern Geschichte und Politik viel mit den Lehrkräften und der Art des Unterrichtens zu tun hatte.

Interessanterweise sind es heute die Bereiche, die mein Interesse geweckt haben, denn sie lassen mich die Menschheitsgeschichte verstehen und öffnen Gestaltungsmöglichkeiten. Etwas, das ich lange Zeit nicht verstanden hatte. Vielleicht lag es auch daran, dass die Geschichte, die uns in meiner Schulzeit gelehrt wurde, eine Geschichte der Erober*innen(nationen) war, was bedeutet, dass auch die dominierenden Mächte, von denen die Weltpolitik maßgeblich bestimmt wurde und immer noch bestimmt wird, dieselben sind. Die Perspektive der Eroberten kam nicht vor. Für mich gab es also, wie für viele *Children of Color* in der westlichen Welt, kaum Repräsentation. Nicht im Lehrer*innenkollegium. Nicht in der Politik. Nicht in der Wissenschaft oder in anderen einflussreichen Berufen. Was bedeutete es also für ein Kind, dessen Eltern aus einem Bürgerkriegsland geflohen waren, dessen Hautfarbe eine andere war als die der Menschen um es herum, und bei dessen Name bis heute (21. Jahrhundert!) die Menschen »Oh mein Gott!« ausrufen, anstatt sich die Mühe zu geben, den Namen vernünftig auszusprechen? Das deutsche Alphabet sollte man doch beherrschen, oder? Was bedeutet es also für ein Kind, wenn beide Eltern die Sprache des Landes weder sprechen noch verstehen können, und die Religion, Kultur und Traditionen ihnen völlig fremd sind? Integrationskurse, wie es sie heute gibt, gab es in den 80er-Jahren kaum bis gar nicht, weshalb meine Eltern bis heute Fremde in dieser *weiß*-dominierten Gesellschaft geblieben sind. Mögliche Antwort: Wenn man wie ich damals die Geschichte in seiner Gänze nicht versteht, glaubt man schnell, dass man den *weißen* Menschen unterlegen ist und sogar dankbar sein müsste, dass man hier aufgenommen wurde. Dass der Kolonialismus dazu geführt hat, dass bis heute Menschen wie meine Eltern aus dem globalen Süden in westliche Länder migrieren, nachdem der Westen ihre Heimatländer ausgebeutet und zerstört hat, wird totgeschwiegen. *Any ideas, why?* Der strukturelle Rassismus in der deutschen Gesellschaft, der sich in Sprache und Kultur niederschlägt und zu institutionellem Rassismus führt, legt den Grundstein dafür, dass sich Menschen, die so aussehen wie ich und einen Namen besitzen, der nicht Müller, Meier oder Schmidt ist, den *weiß*-gelesenen Menschen unterlegen fühlen. DAS ist die Ideologie des Rassismus, die genau dafür geschaffen wurde, damit *weiße* Menschen sich nicht-*weißen* Menschen überlegen fühlen können. Ein Phantasma, das von Geschichtswissenschaftler*innen, Naturwissenschaftler*innen und bedeutenden Philosoph*innen des Westens zur Zeit des Kolonialismus und des Imperialismus maßgeblich kreiert wurde, um den Kolonialismus in seiner brutalsten und menschenverachtenden Form legitimieren zu können. Menschen, die das Pigment Melanin in einem sehr geringen Maße produzieren – also *weiß*-gelesene Menschen –, konnten sich somit für etwas Besseres halten. Ein willkürlich gewähltes, oberflächliches Merkmal, das keiner genetischen Grundlage jemals standhalten konnte oder kann, wurde nahezu von allen Wissenschaften so zurecht verargumentiert, dass in den Köpfen von *weißen* Menschen ein Überlegenheitsgefühl entstehen konnte, das bis heute in der Vorstellung vieler Menschen nichts an Wirkung verloren hat. Als Biologin fehlen mir die Worte, wie diese Absurdität tatsächlich für so viel Übel in der Menschheitsgeschichte sorgen konnte. Das Schlimme: Auch heute ist diese Ideologie weiterhin in einer subtileren Form wirkmächtig. Auch heute werden Menschen nach kulturellen Merkmalen oder dem äußeren Erscheinungsbild in ›Wir‹ und ›Andere‹ geteilt und die sogenannten ›Anderen‹ als weniger wert eingestuft, wobei *weiße* Menschen sich unhinterfragt als die Norm verstehen. Da Rassismus anpassungsfähig ist und es nicht primär um die Hautfarbe geht, geht es heute um die Herkunft, den Eigennamen oder die Kultur. Für die Zugehörigkeit wird heutzutage also die ›Abstammung‹ hinzugezogen und gleichzeitig die subjektiven Perspektiven, Werte und Moralvorstellungen, u.v.m. ausgeblendet, die Individuen ausmachen.

Es dauerte meine komplette Jugend, meine Studienzeit und auch viele Jahre danach, bis ich mich so akzeptieren konnte, wie ich bin, und ich dieses Unterlegenheitsgefühl zumindest zu einem bestimmten Teil abstreifen konnte. Nur die Auseinandersetzung mit dem Thema ›Rassismus‹ und dem Einfluss von Rassismus auf mein Leben und das meiner Vorfahren, half mir, meine Identität zu finden, neu zu schaffen und stolz auf die Frau zu sein, die ich trotz der Hürden, die eine rassistische Gesellschaft nun mal mit sich bringt, geworden bin. Heute bin ich froh, nicht hellhäutig zu sein, und schätze mich zu den Glücklichen, keine Angst vor der Bildung von Thymin-Dimeren in meiner DNA zu haben, weil ich im Gegensatz zu *weiß*-gelesenen Menschen eine gute Schutzschicht vor intensiver Sonneneinstrahlung habe. Und dann ist da ja noch der Klimawandel ;).

Nein, das soll kein Bashing gegen *weiß*-gelesene Menschen sein, weil alle Hautfarben zur Diversität beitragen und Diversität der Arterhaltung des *Homo sapiens* dient. Diese Aussagen sollen jedoch klar vor Augen führen, wie leicht man willkürlich gewählte biologische Merkmale verwenden kann, um ein Argument zu kreieren, das die eigene Existenz als etwas Wertvolleres hinstellt. Eine gefährliche Art von Rassismus eben! Deshalb ist mein Plädoyer an alle, sowohl an *People of Color* als auch an *weiß*-gelesene Menschen: Lernt aus der Geschichte. Empowert euch. Löst euch von den Fesseln des Rassismus, der für beide Seiten Gift ist. Lasst uns gemeinsam diese menschenverachtende Ideologie bekämpfen, damit wir in einer Welt leben können, die fairer und gesünder ist, als wir sie vorgefunden haben. Um es mit Hillary Clintons Wahlslogan von 2016 zu sagen: »Stronger together.«

V.

Wut & Schmerz

Ellen Wagner

2020

Triggerwarnung: Rassismus, Mord

Es war ein anstrengender Sommer. Der Mord an den Schwarzen US-amerikanischen Menschen Breonna Taylor (13.03.2020) und George Floyd (25.05.2020) löste nicht nur in den USA heftige Proteste aus, sondern auf der ganzen Welt. Ich erinnere mich an die Woche, in der ich von dem Mord an George Floyd erfuhr. Die Berichterstattung, in der ich zusehen musste, wie George Floyd vor laufender Kamera von einem weißen Polizisten ermordet wurde, schockte mich zutiefst. Wir schauten im Internet nach Protesten in der näheren Umgebung und fanden uns Samstag auf einer kleinen Demonstration in Trenton, der Hauptstadt unseres Bundestaates New Jersey, wieder. Wir waren erstaunt wie viele Menschen spontan das Megafon ergriffen, um ein paar wenige oder auch mehr Worte mit den anderen zu teilen. Ich habe mich nicht getraut. Allerdings fühlte ich die Kraft der weißen, der Latinx, der asiatischen Menschen, die sich mit den Schwarzen Menschen solidarisierten und ihren Emotionen Ausdruck verliehen.

Als wir am nächsten Tag in unserer Heimatstadt Princeton vor dem Eingang der historisch berühmten Universität auf der Hauptstraße von Princeton für acht Minuten und 46 Sekunden niederknieten, so lange kniete Derek Chauvin, George Floyds Mörder, auf eben seinem Genick, fühlte ich gar nichts. Ich war wie betäubt. Ich sah meine weiße Frau, unsere weißen Freund*innen, ich sah weiße Fremde. Sie lachten, hielten Small Talk und lauschten den Reden. Ich dachte, wie unterschiedlich unsere Leben sind. Sie müssen bei einer Polizeikontrolle nicht um ihr Leben fürchten. Sie müssen keine ungerechte Behandlung aufgrund ihrer Hautfarbe fürchten. Sie werden nicht getötet, dabei gefilmt und vergessen. Was für ein Leben, dachte ich. Weder sie noch meine Eltern noch meine Freund*innen fragten mich in den darauffolgenden Wochen, wie es mir ginge. Nach Überwindung der Schockphase folgte nur kurz ein Moment der Verleugnung, da mir sehr bewusst war, dass das Grauen namens Rassismus in seiner Brutalität seit Jahrhunderten Trauma und Gewalt über Schwarze Menschen und BI-PoC brachte. Somit wehrte ich mich auch nicht gegen diese Realität. Eine weitere Phase der sogenannten Trauerkurve nach Kübler-Ross ist die Trauer oder auch das Tal der Tränen genannt.[1] Meine Tränen hörten nach einiger Zeit auf zu fließen, die Trauer aber blieb sehr lange und ich badete lange in diesem See. Je nach Tagesform und Nachrichten, die ich konsumierte, wurden die Wellen der Trauer intensiver oder schwächten ab. Als ich meiner Frau einmal erzählte, wie schwitzig meine Hände und wie schnell meine Atmung beim Erblicken einer Polizeistreife im Auto war, machte sie sich Sorgen, dass ich bei solcher Art Gedanken noch depressiv werden könne. Ich war zutiefst verletzt und empfand ihre Äußerung so, als sei es mein Problem und meine Schuld, dass ich Angst habe und, dass ich mich nun ändern oder daran arbeiten müsste, dass ich in Ordnung bleibe. Als läge die Verantwortung nicht bei den Menschen oder Institutionen, die Rassismus reproduzieren und Menschen wie mich damit gefährden. Meine Frau und ich streiten sehr selten, dies war so ein Moment. Zum Glück befindet sich meine Frau bis zum heutigen Tag im aktiven Prozess, rassismuskritisch zu denken und zu handeln und bildet sich stetig weiter. Sie verstand daher schnell, dass ihre Reaktion grenzwertig gewesen war und gab mir den Trost und den Support den ich brauchte.

Meine Eltern haben diesen Prozess in diesem Sommer aus meiner Sicht nur kurz gestreift und sind sich nicht bewusst, wie wichtig eine grundsätzliche Auseinandersetzung mit Rassismuskritik für sie als weiße Eltern eines Schwarzen Kindes gewesen wäre und immer noch ist. Dies gilt im Grunde genommen für alle Eltern da draußen. Bringen wir unseren Kindern nämlich nicht bei, dass alle Menschen verschieden sind und deswegen unsere Welt ganz unterschiedlich erleben, so werden sie niemals verstehen, warum wir zwar alle Menschen gleich behandeln sollten, dies aber nie der Fall ist. Aufgrund unserer Verschiedenartigkeit hat jeder Mensch ganz unterschiedliche Privilegien. Das bedeutet, je mehr Privilegien wir haben, desto weniger Hürden und Hindernisse stellen sich uns in unserem Leben entgegen. Weiße Menschen verfügen über sogenannte weiße Privilegien.[2] Sie haben

1 Kübler-Ross, 1971.
2 Hyatt, Millay, 2015.

besseren Zugang zu Ressourcen und erleben z.B. weniger Barrieren auf dem Wohnungs- oder Arbeitsmarkt.[3]

Da mich meine Eltern adoptiert haben und mir kaum Informationen zu meinen biologischen Eltern weitergeben konnten, trage ich seither ein großes Loch mit mir herum. Ein Loch, das einen Teil meiner Identität ausmacht. Es ist wie ein riesengroßes Fragezeichen, auf das ich seit Kindestagen regelmäßig mit der Frage ›Woher kommst Du?‹ gestoßen werde. Wenn ich der Person vermutlich in meinem weiteren Leben noch einmal begegne, erzähle ich die Kurzfassung meiner Adoptionsgeschichte, der häufig mit bemitleidenswerten Augen und der Frage, ob meine Stiefeltern denn auch gut zu mir wären, begegnet wird. So etwas Blödes, es sind doch meine Eltern! Ja, sie lieben mich wie ihr eigenes Kind. Umso schwerer fällt dann die Einsicht, dass auch sie sich rassistisch verhalten.

Es war ein anstrengendes Jahr. Um zu heilen und zu wissen, dass ich nicht alleine mit meinen Gefühlswelten dastehe, suchte ich bewusst den (virtuellen) Kontakt zu Schwarzen Menschen und BIPoC. Zusammen haben wir geweint, gelacht, erzählt und zugehört. Ich habe mehr über Systeme der Unterdrückung gelernt, mir Strategien angeeignet, um besser mit Rassismus umzugehen und meine Tochter und mich zu stärken. Ich habe diese Motivation ebenfalls zu meiner Berufung gemacht. Zum einen unterstütze ich Organisationen dabei, rassismuskritisch zu werden, und zum anderen stärke ich die BIPoC-Community. Ich habe meinen Weg gefunden. Ich kann nicht behaupten, dass ich die letzte Phase der Trauerkurve, die Akzeptanz, erreicht habe. Das ist wohl eine lebenslange Aufgabe. Aber ich bin auf dem Weg. Derzeit fühlt er sich genau richtig an. Mal schauen, wie lange.

3 Antidiskriminierungsstelle des Bundes, 2020.

Zarayasminn

Ich bin eine Schwarze Frau

Triggerwarnung: Rassismus, Islamfeindlichkeit

Für mich bedeutet Empowerment zu wissen, wo ich herkomme und was mich ausmacht. Ich bin eine junge Schwarze Frau, die sich ihren Platz in dieser Welt schafft. Eine Welt, die frei sein sollte, doch das System hatte andere Pläne.
Also durchhalten und Zähne zusammenbeißen, bevor es dem nächsten Plan gelingt, mich von meinem Weg abzuleiten.
Jetzt weiß ich, wer ich bin und was ich sein will: Jemand Unvergessliches.
Jemand, der an ihren Blumen riecht und sich unter ihnen zur Ruhe legt.
Jemand, der in ihrem Herzen stets gute *Nīya*[1] trägt.
Ich greife nach den Sternen mit meinen Worten, mit der Hoffnung auf offene Himmelspforten.
Mit jedem Schritt ein neuer Blickwinkel, doch was mir stets vor Augen steht, sind meine schwarze Haut und meine Identität.
Um meinen Wandel zu verstehen, muss ich Einblicke in mein Leben geben.
Die Erinnerungen und Gefühle, die ich hier in Sekunden schilder', sind Bilder, die mich zeichneten. Narben von Verbrennungen, die bis heute pochen, und dennoch verspüre ich die Verlockung zu erzählen.
Ein Blick in den Spiegel reicht und ich sehe meine Wahrheit wieder ganz genau.
Ich bin eine Schwarze Frau.

Ich will weder Mitleid oder Wiedergutmachung, noch will ich Rache.
Ich will nur eine Sache. Ich will Transparenz.
Meine Macht liegt in meinen Worten und ihr seid meine Audienz.
Ich wünsche keinem Kind, erfahren zu müssen, wie es ist, gehasst zu werden,

---

1 *Nīya* – arabisch: Intention, Absichtserklärung.

wie es ist, angespuckt und gleichzeitig nicht einmal erfasst zu werden.
Niemand sollte das Gefühl kennen, in einem Fremden Wut zu wecken,
ohne dafür jemals auch nur einen Finger zu recken.
Ich durchlebte Traumata. Ja, Traumata.
Ein großes Wort, in der Psychologie eine ›seelische Verletzung‹.
Doch Achtung! Trauma ist eine unsichtbare Narbe.
Ein Grund mehr warum der Satz »Ich sehe keine Farbe« für mich nach Beleidigung mieft, denn meine Existenz ist an die Realität geknüpft, dass jeder zuerst meine Farbe sieht.

Ich bin eine Schwarze Frau.

Ich weiß doch, wie es ist, wenn rassistisch motiviertes Mobbing auf der Tagesordnung steht und niemand dem sechsjährigen Mädchen erklärt, was eigentlich vor sich geht.
Wenn der große Bruder, der einen beschützen soll, vor deinen Augen verschlagen wird und du am nächsten Tag dennoch zurückkehrst, denn wie dein Vater dir erklärt, ist die Schule der einzige Ort, der einen lehrt, wie man der Armut den Rücken kehrt.
Wie man eine Kaste verlässt, die voller ›ausländischer‹ Rassen gepresst, sich schon lange nicht mehr schließen lässt.
Wie man sich ein Leben aufbaut, das in unserer Zeit, dem System laut »*F*** YOU*« zuschreit. Aber um diese Segel zu hissen, musste ich zuallererst wissen, wer ich eigentlich bin und warum Yasminn euch in Erinnerung bleiben will.

To my motherland:
Es ist okay zu weinen, allein, nicht jeden Schmerz zu teilen.
Jeder Grund eine Farbe, jede Träne ein Gefühl.
Jede Tat eine Gabe, rot und weiß, gelb bis grün.
Ich weine um unsere Erde, ich weine um mein Land.
Togo ein Paradies auf Erden, doch die Gesellschaft bereits ausgebrannt.
Ich stehe bei meinem Land in der Schuld und ich plane zu begleichen.
Habe nicht vor mit Taten von meinen Worten abzuweichen.
Togo ich liebe dich, deshalb bete ich.
Möge Gott dich von den dunklen Schatten befreien,
die schon seit Jahrzehnten in deinen fruchtbaren Böden gedeihen.

Einst hasste ich dich, weil dein Melanin zuließ,
dass das Land, in dem ich geboren wurde, mich nach meiner Geburt verstieß.
Doch heute weiß ich ganz genau, nur wegen dir bin ich eine Schwarze Frau.

Meine Familie ist mehr als nur meine Eltern, doch sie bilden den Kern.
Das Zentrum meiner Welt, wie bei meiner Flagge der Stern.
Immer eine Lektion parat, auch voller Wärme, doch meist brutal und recht hart.
Mein Vater sagte immer: »Zeig mir deine Freunde und ich zeig dir deine Zukunft.«
Früher hasste ich seine kalten Worte, doch heute bringen sie mich zur Vernunft.

Denn ich bin eine Schwarze Frau.

Doch welche meiner Freund*innen verstand genau, was das für mich bedeutete?
In dieser Gesellschaft habe ich den Kürzeren gezogen: Frau. Schwarz. Muslima.
Ich fühle mich betrogen und bin dennoch stolz auf mich, denn mit all den Chancen gegen sich, ist es schwer, nicht aufzugeben.
Voller Selbstmitleid zu ächzen, purer Hass auf das Leben.
»Du musst dich wertschätzen!« Ja, das sagt sich leicht laut, doch die Liebe zu deiner eigenen Haut, können dir als Kind nur deine Eltern geben.
Aber wer schützte meine Eltern vor einem Leben voller Schmerz?
Meine Mutter reiste mit 21 ihrem Ehemann hinterher.
Mit der Hoffnung auf ein besseres Leben nördlich vom Mittelmeer.
Danach sah sie ihre Mutter noch genau drei Mal, auch wenn sie es anders gewollt hätte, hatte sie nie wirklich eine Wahl.
Ich kann dir sagen, es schmerzt mich, sie in Schmerz zu sehen. Hand aufs Herz. Doch was ist die Alternative? Zurückzugehen?
Zurück auf einen Kontinent mit ausgeschöpftem Kontingent?
Ich habe Schwarze Eltern, doch nicht sie brachten unser Boot zum Kentern.

»Du wirst doppelt so hart arbeiten und bekommst hier dennoch nur die Hälfte.«
Die tägliche Weisheit meiner Eltern. Die Motivation nie Bosheit, bloß die erste Wahrheit, die sie hier lernen mussten.
Transgenerationale Traumatisierung war etwas, das sie nie zu betiteln wussten. Niemand hatte je Respekt für sie, wen wundert es, wenn sie uns dann auf Enttäuschung prägen, anstatt uns bei Erfolgen ihren Segen zu geben?
Doch meine Eltern halten selbst heute noch stur an ihrem Plan fest.
Eine Position in dieser Gesellschaft, die mich nie wieder für mein Recht betteln lässt.

Ich bin eine Schwarze Frau.

Und auch ohne den Stau, der gerade mein Leben stoppt, habe ich es schon zu mehr gebracht, als jemals jemand von mir erwartet hat.
Beim Thema Freundschaften musste ich so einiges lernen, nun schätze ich Qualität über Quantität, denn in Zeiten der Not ist es nur dein Kreis, der dir stets zur Seite steht. Es hätte *May* sein sollen, so kalt wurde mir.
Und als sich der Nebel dann lüftete, sah ich mit neuer Klarheit eine Wahrheit, die wie das Polarlicht nur ganz rar scheint: Rassismus ist Rassismus.
Ob kleine oder große Geste, gewollt oder ungewollt. Rassismus ist ein Thema, dem Deutschland allgemein zu wenig Achtung zollt.
Ich sei mal wieder unbegründet entrüstet, so als ob du wüsstest, womit du dich an meiner Stelle täglich auseinandersetzen müsstest.

Ich war die ›zornige Schwarze Frau‹.

Feuer und Glut, Zorn und Wut. Hunger nach mehr, Hoffnung auf Mut.
Heute ein Stein, morgen dann zwei. Tage ziehen, Jahre vorbei.
Meine Wurzeln machen mich, meine Blüte schmückt mich.
Meine Äste tragen mich, mein Stamm stützt mich.
Vom Samen zur Sprosse, in die Höhe geschossen.
Mein Geist ist klar, mein Wesen entschlossen.
Ich schließe Kreise auf meine Weise
Und erzähle Geschichten von meiner Reise.
Ich bin so viel mehr als nur meine Haut,
Doch wie bei der Hochzeit die Braut

trage ich sie mit Stolz über jede Schwelle,
Die meinen Weg an einer Stelle kreuzt.
Meine Seele seufzt bei der Vorstellung, weiter zu wachsen.
Riechende Rosen mit Dornen, die kratzen.
Schön doch gefährlich, schön gefährlich.
Mein Oxymoron, allzu köstlich.

Heute fühle ich mich empowert, wenn ich nur kurz in den Spiegel schaue.
Ich nehme mir die Zeit und realisiere, dass ich mir ein Leben aufbaue.
Mein Leben, das ich bestimme.
Meine Gedanken sind erste Stimme und ich die Dirigentin.
Ich bin eine Schwarze Frau, die weiß, wo sie herkommt und wo sie hinwill.
Das ist Empowerment für mich: ein Statement.
Und mit jedem Öffnen meiner Lider, entscheide ich mich immer wieder,
dass ich auch danach leben möchte.
Addiere ich Stolz und das Wissen, dass ich weiß, wer ich bin
So macht die Gleichung meines Lebens endlich einen Sinn.

To all my younger selves (out there)
Du bist eine Schwarze Frau und dein Kreis wird bunt.
Für all deinen Schmerz gibt es einen triftigen Grund.
Du musstest diese Welt erst verstehen, um sie zu durchgehen.
Ohne später selbst zu viel Schaden zu nehmen.
Doch mach dich bereit, bald ist es so weit.
Bald schon trittst du auf die Lichtung.
Dann stehen dir Wege offen in jede Richtung.
Vertraue niemals jedem gleich, vertraue auf dich am meisten.
Dann wirst du selbst mit kleinem Kreis jede Herausforderung meistern.
Für dich bedeutet Community Identität.
Echt sein ist, was dich anspricht.
Du lebst für Authentizität.
Also sag es stolz und schrei es laut:

»ICH BIN EINE SCHWARZE FRAU!«

Carrie-Ann Lawrence

Keine Szene machen

Triggerwarnung: Sexueller Übergriff / Sexismus

Vino-Abend mit Freunden. Aber ich stehe draußen vor der Tür und rauche mit ihm. Wir sind Bekannte, keine Freunde, aber er ist ein netter Typ. Wir kennen uns schon länger. Als ich an ihm vorbeigehe, berührt er meinen Po. Ich tue so, als hätte ich es nicht gemerkt. Keine Szene machen, versteht sich. Er ist betrunken und *high*, man sieht es ihm an. Die Straße ist menschenleer, es ist dunkel. Er kommt einen Schritt näher. Einen nach dem anderen. Denkt er, ich merke das nicht oder ist es ihm egal? Er neigt seinen Kopf nach vorne und will mich küssen. Ich will nicht. Ich schiebe ihn lachend weg. Ich lache, aber es ist nicht lustig. Keine Szene machen. »Hey. Du hast doch eine Freundin«, sage ich. Wie dumm von mir. Diese Freundin hatte er vor vier Wochen auch. Vor vier Wochen stand ich schon einmal mit ihm draußen und habe geraucht. Damals war es vor einem Club. Er küsste mich. Plötzlich ging alles ganz schnell. Jacke, Taxi, zu ihm. Vier Wochen war es her.

Und nun stehen wir wieder da. Der einzige Unterschied – ich will nicht. »Du küsst so gut. Ich erinnere mich daran«, sagt er und presst seine Lippen auf meine. Ich versuche, mich wegzudrehen, aber er hat mich gegen die Hauswand gedrückt. Ein Kuss, denke ich, wird schon okay sein. Keine Szene machen wegen so etwas. Seine Zunge bohrt sich in meinem Mund. Er schmeckt nach Wein und Zigaretten.

Vorgespult. Ich bin müde und muss nach Hause. Er bietet mir an, mich im Taxi mitzunehmen. Ich lehne ab. Ich wohne um die Ecke. »Dann bringe ich dich wenigstens nach Hause.« Hält er mich für so naiv? »Nein, danke.« Er lacht, ignoriert meinen Einwand. Ich laufe los und er kommt mit. Ich versuche, deutlich zu machen, dass ich nicht mit ihm schlafen werde. Aber natürlich auf witzige, charmante Art. Keine Szene machen. Er verfolgt mich bis vor meine Haustür. Ich merke, dass der Hauptkampf jetzt bevorsteht. Wieder fühle ich die kalte Hauswand an meinem Hinterkopf und den Zigarettengeschmack in meinem Mund. Dieses Mal ist es meine Hauswand, der Geschmack ist jedoch der gleiche. Ich wehre ihn spielerisch ab. Es ist ihm egal. Ich frage mich, warum ich mich küssen lasse. Ich habe keine Antwort. Ich kann doch nicht unfreundlich sein. Wir werden uns noch oft sehen. Soll so eine blöde Geschichte zwischen uns stehen? Ich kann doch keine Szene machen. Er redet auf mich ein. Berührt meinen gesamten Körper mit seinen riesigen Händen. Ich traue mich nicht, ihn anzuschauen, weil ich Angst habe, dass es wie eine Einladung wirken könnte. Ich erzähle etwas von Müdigkeit und »morgen-früh-raus« und will nur noch weg. Was mir Angst macht, ist seine Ignoranz. Er nimmt mich nicht ernst. Was ich auch sage, wird weggelacht. Als sei ich unmündig, als meine ich es sicher nicht so. Ist das so? Nein. Seit Minuten umklammere ich meinen Schlüssel, zu ängstlich, die Tür aufzuschließen. Ist er einmal im Haus, ist es vorbei – denke ich mir, während er meinen Hals küsst. Ich versuche es erneut. Rede auf ihn ein. Viele Minuten vergehen. Bis zuletzt denkt er, er könne mich noch herumkriegen. Ich sage nichts mehr. Bewege mich kaum. Plötzlich lässt er von mir ab. »Dann geh' ich jetzt!« Er ist sauer, das merke ich. Ich erwische mich dabei, wie ich mich frage, ob es meine Schuld ist. Ist es meine Schuld, wenn bei unserem nächsten Aufeinandertreffen eine komische Atmosphäre herrscht? Schlechtes Gewissen. Er dreht sich um und geht. Einfach so. Als wäre nichts gewesen. Schnell schließe ich meine Tür auf, schlüpfe durch. Von innen drücke ich die Tür zu. Sicherheit. Erst jetzt merke ich, wie schnell mein Herz pocht. Kaum in meiner Wohnung angekommen, laufen die Tränen. Was ist gerade passiert? Ist überhaupt etwas passiert? Und war es nicht meine eigene Schuld? Ich trage Stiefel und einen kurzen Rock. Vielleicht sollte ich mich das nächste Mal anders kleiden. Oder hätte ich jetzt Ja sagen müssen, weil ich beim letzten Mal auch Ja gesagt habe? Habe ich ihm ›schöne Augen‹ gemacht? Oder hätte ich einfach nur bestimmter Nein sagen müssen? Laut werden? Eine Ohrfeige? Oder deutlich sagen, dass das mein Körper ist? »Ich will nicht!« schreien? Die Polizei rufen? Möglich wäre das alles gewesen, aber man will ja keine Szene machen …

Heute, einige Jahre später, denke ich an diese Situation. ›Keine Szene machen‹ – was habe ich mir dabei gedacht? Ich weiß es. Ich habe das gedacht, was diese Gesellschaft uns lehrt. Es ist meine Aufgabe, mich vor Übergriffen zu schützen, und nicht die Aufgabe der anderen, nicht übergriffig zu werden. Wir leben in einer Zeit des *Victim Blamings,* in einer Zeit des »Sie wollte es doch auch!«.

Ich habe eine Tochter, die gerade dabei ist, erwachsen zu werden. Und ich wünsche mir so sehr, dass sie und ihre Generation ›eine Szene‹ macht. Wieder und wieder ›eine Szene‹ macht.

Ich suchte die Schuld bei mir. Viele von uns suchen die Schuld bei sich. Schuld. Welche Schuld? Keine Kleidung dieser Welt gibt denen das Recht, uns anzufassen. Ein Ja, das zu einem Nein geworden ist, ist ein Nein. Wenn wir flirten, bedeutet das nicht, dass sie unsere Grenzen überschreiten dürfen. Unser Körper gehört uns. Unser Geist gehört uns. Und beides ist heilig. Wenn wir sie einladen, unsere Körper oder unseren Geist zu berühren, dann ist dies ein Geschenk. Tun sie es ohne Einladung, dann machen wir ›eine Szene‹! Wir werden laut, wir wehren uns. Denn es ist nicht unsere Schuld. Es ist ihre. Wir müssen nicht ruhig bleiben, damit sie sich nicht unwohl fühlen. Sie müssen sich anders verhalten, damit wir uns nicht unwohl fühlen.

Ich will, dass meine Tochter in dem Wissen aufwächst, dass keine gesellschaftlichen Erwartungen so wichtig sind, dass sie den Mund halten und ruhig sein muss, nur um kein Aufsehen zu erregen. Dass sie weiß, dass ihr Körper und ihr Geist wertvoll sind und von niemandem ohne ausdrückliche Einladung berührt werden dürfen. Und wenn dies doch passiert, dann darf, kann und soll sie – und wir alle – ›eine Szene machen‹.

VI.
Gesundheit

Idzumi Neumärker

Der weiße Teil in mir II

Viele psychologische Theorien und Therapiemethoden basieren auf der Vorstellung, dass die Persönlichkeit eines Menschen aus verschiedenen Anteilen zusammengesetzt ist. Siegmund Freud beschrieb das »Es, Ich, Über-Ich«[1], Eric Berne das »Kind-, Erwachsenen-, Eltern-Ich«[2]. Friedemann Schulz von Thun arbeitet mit dem sogenannten »Inneren Team«[3], Helen und John Watkins mit »Ego-States«[4].

Die Idee ist, dass diese Persönlichkeitsanteile entstehen, wenn wir starke Gefühle oder Traumata erfahren. Sie entwickeln sich und führen danach gewissermaßen ein Eigenleben. Anteile können uns auch von anderen in die Psyche eingepflanzt werden. Sie werden dann Introjekte genannt. Wir kennen innere Kritiker*innen oder Antreiber*innen, die uns blockieren oder zu Höchstleistungen anspornen. Überlebende von Gewalt können unbewusst die zerstörerischen Muster ihrer Täter*innen verinnerlichen und diese selbstzerstörerisch wiederholen. Kinder von Migrant*innen lernen früh Verantwortung für Erwachsene zu übernehmen und kindliche Anteile zu ignorieren, wenn sie z.B. bei Elterngesprächen dolmetschen.

Wenn wir als BIPoC in ausschließlich *weiß* geprägten Systemen überleben müssen, kann es sein, dass wir unsere nicht *weißen* Anteile unbewusst unterdrücken. Gleichzeitig können wir den Rassismus, der uns entgegengebracht wird, über *weiße* Persönlichkeitsanteile verinnerlichen. Ebenso können wir *FLINTA+* patriarchale, sexistische, homophobe Vorstellungen aus unseren Umgebungen zu einem Teil von uns selbst machen. Wir sind also nicht nur ständig damit beschäftigt, in Systemen, die uns nicht wohlgesonnen sind, zu

1 Lieb, Frauenknecht 2019.
2 Berne, 2007.
3 Schulz von Thun, Stegmann 2021.,
4 Watkins, Watkins, 2019.

überleben – was sehr viel Energie kostet –, wir sabotieren und unterdrücken uns auch noch selbst.

Es kann heilsam sein, sich mit den eigenen inneren Anteilen zu beschäftigen, vor allem mit denen, die uns nicht bewusst sind. Manchen begegnen wir in unseren Träumen oder wenn wir plötzlich auf vermeintlich banale Auslöser stark emotional reagieren. Manche können uns Angst machen oder auch krank, obwohl sie ursprünglich entstanden sind, um uns zu schützen. Dann ist es sinnvoll, spezialisierte Therapeut*innen einzubinden.

Nahezu alle gängigen psychotherapeutischen Verfahren sind von *weißen* Menschen entwickelt worden und häufig patriarchal geprägt. Sie berücksichtigen Erfahrungen mit Rassismus und/oder Sexismus noch zu wenig. Introjekte können, meiner Meinung nach, nicht nur durch einzelne Bezugspersonen, sondern auch durch gesellschaftliche Strukturen entstehen. Unterdrückte oder verborgene Anteile (wieder) zu entdecken und einen Dialog mit ihnen zu ermöglichen, bedeutet *Empowerment*. Es ist sehr berührend zu erleben, welche Kreativität daraus entsteht und wie viel Kraft wir haben, wenn wir nicht mehr gegen uns selbst kämpfen müssen.

»Zu welchem Anteil gehört Dein Gefühl?«, frage ich meine Klient*innen.
»Zum unsichtbaren inneren Kind«, sagen sie oft.

Wie alt ist es? Welche Sprache spricht es? Welche Hautfarbe hat es?
Was braucht es gerade?

Mein Kind, ich sehe Dich. Ich halte Dich.

Wer bist Du?
Sei, wer Du sein möchtest.

Mariela Georg

Critical Wellness: wie wir die Selbstheilungskraft unseres Körpers (re)aktivieren können

Critical Wellness[1] bedeutet für mich, dass wir ein kritisches Bewusstsein darüber entwickeln, wie sich strukturelle Gewalt auf unser Wohlergehen auswirkt, und in diesem Bewusstsein Wege finden, um trotz Erfahrungen wie Rassismus, Sexismus und Klassismus zu gedeihen. Diese Unterdrükkungserfahrungen haben nachweislich Auswirkungen auf Psyche, Seele, Körper und sogar auf unsere Gene. Ziel meines Beitrags ist es, einige der körperlichen und psychischen Auswirkungen von struktureller Gewalt näher zu beleuchten und Tipps zu geben, wie wir die Weisheit des Körpers (re)aktivieren können. Ich spreche hier bewusst von ›Heilung‹ und nicht ›Erholung‹ oder ›Genesung‹, denn Heilung impliziert einen Prozess, der nicht unbedingt abgeschlossen wird, sondern kontinuierlich ist. Wenn wir hier über Erfahrungen sprechen, die durch das patriarchale, kapitalistische, imperialistische System weißer Vorherrschaft ausgelöst werden, dann ist es klar, dass völlige Genesung oder Erholung nicht möglich sind, bis diese Systeme komplett abgeschafft worden sind.

Diskriminierung und Trauma

Grada Kilomba beschreibt drei Elemente, die ein Trauma ausmachen, und wie sich diese in Bezug auf Rassismus verhalten können.[2] Ein Trauma wird von Kilomba als eine unerwartete Wunde verstanden, die das Individuum destabilisiert. Es setzt sich hiernach aus Schock, Spaltung und Zeitlosigkeit zusammen.

Der *Schock* ist der erste Moment der traumatischen Erfahrung. Es passiert etwas oder das Individuum nimmt etwas wahr, was er*sie überhaupt

1 Georg, 2021.
2 Kilomba, 2008.

nicht erwartet hatte – die Person erfährt einen Schock. Die Reaktionsfähigkeit ist zunächst stark eingeschränkt. Im Falle von Mikroaggressionen ist hier z.B. die Sprachlosigkeit ganz charakteristisch.

Es folgt unmittelbar der Moment der *Spaltung* oder Dissoziation. Dies wird unterschiedlich erlebt.

Einige Menschen empfinden dies als eine Spaltung ihrer Persönlichkeit, als ob sie im Moment nicht anwesend wären, sondern auf die Situation als Außenstehende blicken würden. Kilomba beschreibt diesen Moment in Fällen von Rassismus so, dass die Person die Situation als eine klare Spaltung zwischen ›wir‹ und ›ich‹ empfindet. Die Person wird so markiert, als sei sie nicht Teil der Gesellschaft, als sei sie nicht zugehörig, ›anders‹ und nicht Teil des ›Wir‹. Das Gefühl dazuzugehören und Teil von etwas zu sein, wird demnach ins Wanken gebracht.

Nicht zuletzt ist die Trauma-Erfahrung mit dem Gefühl der *Zeitlosigkeit* verbunden. Vielleicht hast du bereits eine (Mikro)Aggression erlitten und musst immer wieder an diese Situation zurückdenken? Genau das ist mit Zeitlosigkeit gemeint. Wir denken immer wieder an die Situation zurück, auch wenn wir das nicht wollen. Eventuell ist dies von Schlafstörungen begleitet und mit den Gefühlen von Schuld und Scham. Wir wünschten, anders reagiert zu haben, handlungsfähiger oder wortgewandter gewesen zu sein, und spielen die Situation immer wieder in unserem Kopf durch. Die Vergangenheit holt uns immer wieder ein. Kilomba geht hier einen Schritt weiter und spricht auch das Transgenerationale Trauma an. Ohne dass wir überhaupt zu Zeiten der Versklavung, der Maafa[3], der Kolonialisierung oder des Nationalsozialismus selbst gelebt haben, lösen diese Ereignisse aus der Vergangenheit bei vielen von uns rassifizierten Menschen trauma(ähnliche) Symptome aus. Mittlerweile ist die Erforschung von kollektiven und sozialen Traumata[4] schon so weit, dass wir wissen, dass wir auch durch die Gene (Epigenetik) Traumata von einer Generation zur nächsten weitergeben können, aber auch durch Erziehung und Sozialisierung.

Deswegen ist es sinnvoll, Heilungsstrategien zu finden, die von Generation zu Generation weitergetragen werden können.

---

3 Maafa ist Swahili und bedeutet übersetzt so viel wie ›die große Tragödie‹. Der Begriff führt gezielt Sklaverei, Kolonialismus, Imperialismus und Rassismus zusammen. Siehe Glossar für weitere Erklärung.

4 Hübl, 2020.

Diskriminierung und Stress

Ein anderes, sehr einprägsames Modell, das ich dir gerne näherbringen möchte, stammt aus der verhaltens-kognitiven Psychologie.[5] Es ist das *A-B-C-Modell* und kann genutzt werden, um Stress besser zu verstehen.

›A‹ steht für *activating experience* und ist nichts anderes als die stressauslösende Situation, die Erfahrung oder der Reiz.

›B‹ steht für *beliefs* und bezieht sich auf die Gedanken, Kognitionen[6] und Glaubenssätze, die durch A aktiviert werden. Dies geschieht meistens unbewusst. Die Gedanken können jedoch durch Reflexion und Innenschau bewusstgemacht werden. Da sie jedoch situationell und mit sehr großer Geschwindigkeit in unserem Kopf vor sich gehen, wird oft auch von ›automatisierten Gedanken‹ gesprochen.

›C‹ steht für *consequences* und bezieht sich auf die emotionalen und körperlichen Reaktionen, die durch A und B ausgelöst werden.

In anderen Worten: Wir empfinden Stress, wenn wir eine Situation oder ein Ereignis als überwältigend oder außerhalb unserer Kontrolle wahrnehmen, und denken, dass wir nicht damit umgehen können. Wenn du dir eine Mikroaggression vor Augen führst und dabei das A-B-C-Modell anwendest, wirst du sehen, dass auch diskriminierende Erfahrungen sich auf diesen drei Ebenen abspielen. Dabei ist ›A‹ entweder die rassistische Aussage, die dir gesagt wird (oder die du erlebst), oder ein rassistisches Ereignis, von dem du in den Nachrichten hörst. ›B‹ sind die Gedanken wie »ich gehöre nicht dazu« oder »Menschen aus meiner *Community* sind unerwünscht«. Nicht zuletzt sind ›C‹ Emotionen wie Wut oder Angst und körperliche Empfindungen wie erhöhter Puls, Schnappatmung oder eine Beklemmung im Solarplexus (Brustbereich). Sowohl ›B‹ als auch ›C‹ sind individuell verschieden. Nicht alle Menschen reagieren gleich auf die ›A‘s‹ des Lebens und die ›A‘s‹ des Lebens lösen nicht bei jeder Person Stress aus.

---

5 Kaluza, 2018.

6 Kluwe, 2000. Unter Kognition fallen alle zu verarbeitenden Informationen in Prozessen und Strukturen eines intelligenten Systems. Bei Menschen umfasst das die Aufmerksamkeit, das Denken und Lernen, die Wahrnehmung, das Problemlösen und die Sprache.

Diskriminierung und das Nervensystem

Der Vagusnerv ist gemäß der polyvagalen Theorie der Schlüsselnerv für die Balance von Körper, Geist und Seele.[7] Es handelt sich hierbei um den zehnten Gehirnnerv, der vom Hirnstamm im Kopf über Hals und Brust bis zum Bauchraum verläuft. Ruhelosigkeit und Stress verursachen beim Menschen viele körperliche und seelische Beschwerden. Wer unter Stress und anhaltender Erschöpfung leidet, kann durch die Beruhigung des Vagusnervs wahrhaftig ›Wunder‹ bewirken. Hierbei wird der Parasympathikus (jüngerer Teil des Vagusnervs) aktiviert. Die oben beschriebenen Reaktionen auf Stress und Trauma aktivieren jedoch das sympathische Nervensystem, die sogenannte *fight or flight* Reaktion. Ist Fliehen oder Kämpfen nicht möglich, wird der Parasympathikus (älterer Teil des Vagusnervs) aktiviert und somit wird das System komplett heruntergefahren, die Person erstarrt, kann nichts Anderes tun, als die Situation über sich ergehen zu lassen. Es vergeht einige Zeit bis der Organismus sich wieder in Sicherheit fühlt. Viele unserer natürlichen Reaktionen auf Stress und Trauma werden von uns unterdrückt (z.B. Zittern, Schreien, Rennen). Dabei liegt der Heilungsweg genau darin, den Körper machen zu lassen, was er von Natur aus machen würde. Da wir dies als Menschen verlernt haben oder aus verschiedenen Gründen unterdrücken (z.B. aufgrund unserer Sozialisierung), müssen wir diese Tools neu erlernen und so unsere Selbstheilungskraft (re)aktivieren.

Von der Theorie zur Praxis

Körperliche Übungen, um die Weisheit deines Körpers zu (re)aktivieren:

Atmung

Dies ist die Basis-Übung, um deinen Parasympathikus und damit den Vagusnerv zu stimulieren. Es gilt jedoch grundsätzlich, dass ein längeres Ausatmen zu Entspannung führt. Ich empfehle die *3-4-5-Atmung*. Setze oder lege dich in einer bequemen Position hin. Dein Rücken ist gerade, der Kopf ist in Verlängerung deiner Wirbelsäule. Du legst eine flache Hand auf deine Brust, auf Herzhöhe und eine flache Hand auf deinen Bauch (hier geht der Vagusnerv lang!). Du kannst die Augen schließen, wenn du magst. Du atmest 3 Sekunden ein durch die Nase in den Bauch hinein, hältst den

7 Porges, 2021.

Atem für 4 Sekunden und atmest 5 Sekunden durch den Mund aus. Mach dies mehrmals am Tag für 1–5 Minuten. So förderst du dein Körpergedächtnis und lernst, deinen Vagusnerv gezielt anzusteuern. Es wird dir dann einfacher fallen, bei Stress die Entspannung gezielt zu aktivieren. Bitte erwarte bei dieser oder den anderen Übungen keinen schnellen Erfolg. Bei der Atmung kann es zwei bis drei Monate dauern, bis die gewünschte Wirkung eintritt. Der Körper mancher Menschen ist so stark an Überreizung und sympathische Aktivierung gewöhnt, dass er erst nach und nach lernen muss, sich umzugewöhnen. Das kann logischerweise nicht über Nacht passieren, es lohnt sich jedoch dranzubleiben.

Zittern

Zittern ist die normale Reaktion auf Gefahren. Kinder und Tiere aktivieren unbewusst diese Funktion ihres Körpers und zittern, wenn sie Angst haben, im Lichte von Gefahren. Dies entspannt den Körper und führt im Nachgang zu einem Gefühl der Sicherheit. Diese Selbstschutzfunktion unseres Körpers unterdrücken wir leider in unserer Gesellschaft. Zittern kann als grundsätzliche Strategie genutzt werden, um Spannungen zu lösen und Selbstheilung zu aktivieren. Wie? Lege dich hin, stell die Beine auf und hebe den Becken hoch, halte die Spannung, irgendwann wirst du anfangen zu zittern. Lass dich auf das Zittern und auf die natürlichen Reaktionen des Körpers in dieser Haltung ein. Alternativ kannst du den Rücken an eine Wand lehnen, die Beine in einem 90-Grad-Winkel aufstellen und in dieser Position die Spannung halten und abwarten, bis die Beine anfangen zu zittern.

Die Schmetterling-Umarmung

Dies ist eine Technik, die Lucina Artigas entwickelt hat, um weltweit mit Kindern, Jugendlichen und Erwachsenen zusammenzuarbeiten, die widrige Erfahrungen wie Erdbeben, Terrorismus, Pandemien, usw. überlebt haben.[8] Hier geht es darum, die Kontrolle über den eigenen Körper zurückzuerlangen. Es funktioniert so: Während du läufst, umarmst du dich mit der Schmetterling-Umarmung (siehe Bild), atme dabei bewusst ein und aus.

---

8 Jarero, Artigas, 2021.

Beobachte deinen Körper und deine Empfindungen. Wenn die negativen Körperempfindungen nicht weniger werden, brauchst du evtl. ein anderes Tool oder Unterstützung von außen. Du kannst diese Übung auch im Stehen oder Sitzen machen. Während der Umarmung solltest du deine Finger so bewegen wie die Flügel eines Schmetterlings und somit deine Brust leicht beklopfen. Atme hierbei gerne in deiner 3-4-5 Atmung. In der Regel dauert diese Übung um die 15 Minuten.

Sport

Stress ist ein ›mehr an Energie‹, das abgebaut werden möchte, die Stresshormone möchten abgebaut werden. Es ist biologisch sinnvoll, Sport nach einem stressigen Event zu treiben, ob es eine Mikroaggression oder ein anstrengender Vortrag war. Sport ahmt die Flucht-Reaktion nach. Zudem ist es nachgewiesen, dass Rassismus die Schutzkapseln der Chromosomen verkürzt und damit tendenziell das Leben der Betroffenen.[9] Sport kann genau diesem Effekt entgegenwirken. Dabei reichen schon 14 Minuten

9 Williams, Lawrence, Davis, 2019.

(Ausdauer-)Sport am Tag, um die Schutzkapseln der Chromosomen und somit, das Leben zu verlängern.[10]

Was überall geht

Wie du den Vagusnerv sonst noch aktivieren kannst:

- Den Nacken streicheln: mit flacher Hand, hinter den Ohren starten und bis zu den Schultern fest streichen, mehrmals wiederholen.
- Stöhnen, Gähnen, Lachen und/oder Weinen
- Schluckweise Wasser trinken
- Eine Minute 3-4-5 Atmung ohne weitere körperliche Betätigung
- Den Kopf nach links drehen, die Augen einen festen Punkt fixieren lassen. Den Kopf nach rechts drehen, die Augen einen festen Punkt fixieren lassen (mehrmals wiederholen nach Bedarf).

Ich habe dir hier das ›*Best of*‹ zusammengefasst. Ich bin der Meinung, dass weniger mehr ist. Es kommt eher auf die tatsächliche Integration in den Alltag an.

So aktivierst du grundsätzlich deinen Parasympathikus. Dies ist wichtig, denn ausgeglichenere Menschen sind diejenigen, deren Nervensysteme täglich häufig den Zyklus zwischen Stress und Erholung durchlaufen. Im Gegensatz zu denjenigen, deren Sympathikus öfter aktiv ist und Momente der Entspannung, Pause, Ruhe und Erholung nicht häufig und zyklisch genug durchlaufen. Gönne dir also im Alltag kleine Inseln, kleine Urlaubsmomente. So förderst du grundsätzlich deine Gesundheit und kannst auch bei Stress deinen Selbstheilungsnerv aktivieren. Jetzt weißt du auch wie. Wähle nur Übungen, die sich gut für dich anfühlen.

Ich wünsche dir nur Gutes auf deinem Weg. Beschreite diesen Weg nicht allein, nimm gerne weitere Menschen mit.

---

10 Arsenis, You, Ogawa, Tinsley, Zuo, 2017.

Nadine

Die Wahrscheinlichkeit, im Lotto zu gewinnen, ist höher, als meine Erkrankung zu bekommen – Jackpot!

Mit einer seltenen Erkrankung zu leben hat mich stark gemacht

Hallo, liebe*r Leser*in! Ich heiße Nadine und möchte euch gerne mit auf meine ganz persönliche Reise mit der seltenen Erkrankung *›Fibrodysplasia Ossificans Progressiva‹ (FOP)* nehmen.

Schon bei meiner Geburt fiel meinen Eltern auf, dass meine Großzehen verkürzt waren. Laut meinem Kinderarzt war das nur ein Schönheitsfehler, der sich wahrscheinlich noch auswachsen würde. 15 Jahre später stellte sich allerdings heraus, dass meine fehlgebildeten Zehen alles andere als ein Schönheitsfehler waren, sondern ein wichtiges Merkmal für die sehr seltene Erkrankung FOP sind.

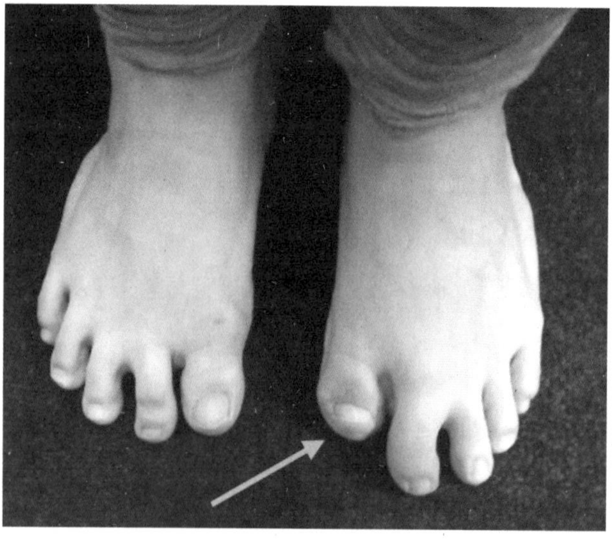

Weihnachten 2004 fiel meiner Mutter mein humpelnder Gang auf und sie beobachtete mich für ein paar Tage, bis sie mich darauf ansprach. Ich war total verwundert, weil mir das selbst gar nicht bewusst war. Ich hatte auch keine Schmerzen oder so. Mein Körper hatte die neuartige Unbeweglichkeit meines linken Beines einfach ausgeglichen. Als wir ein paar Tage später an einem Schaufenster vorbeiliefen und ich im Spiegelbild sah, wie ich lief, war ich erst einmal sehr geschockt und wusste nun, was sie meinte. Im neuen Jahr fing dann der Ärzt*innenmarathon an, bis wir schlussendlich in einer Uniklinik landeten. Anhand verschiedener bildgebender Verfahren, auf denen die Verknöcherung sichtbar war, wurde dann die Diagnose ›Myositis Ossificans‹ gestellt, was allerdings lediglich beschreibt, dass Muskeln oder Weichteile verknöchern.

Mehr als zwei Jahre und zwei Operationen, bei denen der zusätzliche Knochen entfernt wurde, später hatte dann eine*r der Ärzt*innen in der Fachliteratur einen Artikel über eine genetische Erkrankung mit ähnlicher Manifestation wie bei mir gelesen. Eine genetische Untersuchung des *ACVR1*-Gens bestätigte schließlich, dass ich die sogenannte klassische Mutation habe, welche zu der sehr seltenen genetischen Erkrankung FOP führt. Das Problem war nur, dass diese Information zwar in meinen Ärzt*innenberichten stand, aber nicht richtig zu uns vorgedrungen war. So glaubten wir, dass meine Erkrankung nur den Zusatz ›progressiva‹ (= fortschreitend) bekommen hatte, worüber meine Eltern sehr besorgt waren. Für mich war das alles nur halb so schlimm. Ich konnte eigentlich alles machen, was ich wollte und das Beste an der ganzen Sache war: ich wurde vom Sportunterricht in der Schule befreit. Das Einzige, woran ich mich wirklich aus dieser Zeit erinnere, ist, dass eine*r der Ärzt*innen sagte: »Die Wahrscheinlichkeit im Lotto zu gewinnen ist größer, als diese Erkrankung zu bekommen.« Und ich dachte mir nur so: Jackpot ... Nun war zwar klar, dass der Knochen immer wieder nachwachsen würde, aber meine Fehlhaltung war auch nicht gut für meine Wirbelsäule. Deswegen habe ich zwei weitere Jahre später einer dritten OP zugestimmt, nach welcher ich eine Schiene tragen musste, damit der Knochen in einer für meine Wirbelsäule besseren Lage nachwächst.

So vergingen fünf Jahre bis zu meinem nächsten Schub, bei welchem ich eines Tages mit Schmerzen in meinem Kiefer aufwachte. So ging 2014 der Ärzt*innenmarathon von vorne los, und wieder landete ich an derselben Uniklinik, nur dieses Mal nicht in der Kinderorthopädie, sondern in der Mund-, Kiefer- und Gesichtschirurgie. Ich hatte schon eine dumpfe Vorahnung, dass meine Myositis nach so langer Zeit wieder erwacht sein könnte und klärte wohlweislich auch die Ärzt*innen über meine Vorerkrankung auf. Doch diese zeigten kein großes Interesse für meine Theorie und meinten, dass die Kieferklemme von dem Prüfungsstress in der Uni käme. Sie schlugen eine OP vor, bei der mein Kiefer aufgedehnt werden würde. Vertrauensvoll, wie ich war, stimmte ich erneut zu. Zunächst war die wiedergewonnene Mundöffnung von ca. vier cm (im Gegensatz zu vier mm prä-operativ) auch das Beste überhaupt, was wir direkt nach der Entlassung sogleich mit dem Essen eines Burgers feierten: War das ein Genuss! Mein Papa erzählte mir irgendwann später einmal, dass er diesen Moment der puren Freude niemals vergessen würde. Diese Freude sollte aber leider nicht lange währen. Innerhalb von 14 Tagen kehrte die Kieferklemme mit voller Wucht zurück, sodass ich meinen Mund gerade einmal zwei mm öffnen konnte. Während ich am Boden zerstört war, schlugen die Ärzt*innen eine erneute OP vor, welche ich allerdings einen Tag vor dem geplanten Termin absagte, weil ich kein gutes Gefühl dabei hatte.

Meine Mama hatte mit einer Freundin über unsere Odyssee gesprochen, woraufhin diese sich hinter ihren Computer klemmte und im Internet recherchierte, was meine Symptome (verkürzte Großzehen, Extraknochen) bedeuten könnten. Kurz darauf zeigte meine Mama mir einen mehrseitigen Ausdruck über die amerikanische ›International FOP Organization‹ (IFOPA). Ich überflog die Seiten und dachte mir nur so: Quatsch, das habe ich niemals. Dann las ich mir die Ausdrucke doch einmal genauer durch und musste mir eingestehen, dass die Beschreibungen dort sehr gut auf mich zutrafen. Also setzte ich mich an unseren Rechner und schaute mir die Webseite genauer an. Dort waren auch zwei deutsche Ärzt*innen gelistet, die sich auf FOP spezialisiert hatten. Voller Hoffnung kontaktierte ich sie und nur wenige Wochen später setzte ich mich in den Zug und fuhr nach Garmisch-Partenkirchen. Da mir nicht bewusst war, dass bereits eine humangenetische Diagnostik erfolgt war, wurde nochmals eine durchgeführt und nochmals bestätigt, dass es in der Tat FOP ist. Außerdem erfuhr ich, dass es einen Förderverein für FOP-Patient*innen gibt (FOP e.V. bzw. mittlerweile FOP Germany). Ich konnte es gar nicht glauben: Ich war zwar Eine von einer Million, die den FOP-Jackpot geknackt hatte, aber ich war nicht allein! Gleichzeitig hatte ich aber auch Angst, andere Patient*innen zu treffen, weil mir mein Arzt sagte, dass mein Verlauf bisher sehr mild sei und viele bis zu ihrem 30. Lebensjahr so sehr in ihrer Mobilität eingeschränkt sind, dass sie auf einen Rollstuhl angewiesen sind. Noch im selben Jahr traf ich zum allerersten Mal in meinem Leben einen anderen Menschen, der dieselbe Erkrankung hatte wie ich. Einer der bedeutendsten Momente in meinem Leben. Zwei Jahre später nahmen wir dann an unserem ersten FOP-Treffen teil, wo wir sehr herzlich von allen aufgenommen wurden. Die Flut an Informationen war überwältigend.

Im selben Jahr fing ich mein Master-Studium in ›Molekularer Medizin‹ an, für welches ich auch mehrere Praktika absolvieren musste. Im Gespräch mit meinen Kommilitoninnen kam irgendwann die Frage auf, ob ich mir vorstellen könnte, auch an FOP zu forschen. Bis dahin hatte ich mir darüber keine Gedanken gemacht, aber diese Frage zündete in mir die Idee, eines der Praktika in Berlin an der Charité zu machen, wo eine Arbeitsgruppe an einem FOP-Projekt arbeitete.

Doch warum Praktikum, wenn es auch die Masterarbeit sein kann? Der Professor sagte sofort zu und kurz nachdem ich angefangen hatte, schlug mein Bruder vor, an einer wissenschaftlichen Konferenz der IFOPA teilzunehmen. Nach anfänglicher Unentschlossenheit flog ich nach Sardinien und konnte meinen Augen und Ohren gar nicht glauben, wie viele Wissenschaftler*innen an FOP forschen. Als Teil eines *patient panels* hatte ich über meine FOP-Geschichte berichtet und auf dem Weg nach draußen rief jemand nach mir. Wie sich herausstellte, war es eine Professorin aus Berlin, welche auch an FOP forschte! Anscheinend war die FOP-Welt bei dieser Konferenz auf mich aufmerksam geworden, denn nur kurze Zeit später erhielt ich einen Anruf, ob ich mir vorstellen könnte, die stellvertretende Vorsitzende des FOP e.V. zu werden. Mein Vorgänger war traurigerweise überraschend verstorben. Freudig und geehrt stimmte ich zu. Gleichzeitig übernahm ich damit auch die Rolle der deutschen Botschafterin im ›International President's Council‹ (IPC) der IFOPA. Außerdem war ich mit der Berliner Professorin in Kontakt geblieben, absolvierte zunächst ein Praktikum in ihrem Labor und blieb anschließend für meine Promotion, welche sich um FOP drehen sollte; eine einzigartige Kombination, welche sich in internationalen FOP-Kreisen auch schnell herumsprach.

Je mehr wunderbare Menschen ich aus meiner FOP-Familie kennenlernte, desto mehr wurde ich inspiriert, auch etwas bewirken zu wollen. Als Erstes plante ich ein kleines Fundraising-Event an der Uni zum ›FOP Awareness Day‹, an welchem wir jährlich die Entdeckung des FOP-Gens feiern. Ich postete immer mehr und mehr Content über FOP und meine persönliche FOP-Geschichte in meinen Social-Media-Kanälen. Das positive Feedback motivierte mich, immer weiterzumachen und immer größer zu denken. Mein ganz persönliches Highlight war, mir einen winzigen Ausschnitt meiner DNA-Sequenz tätowieren zu lassen.

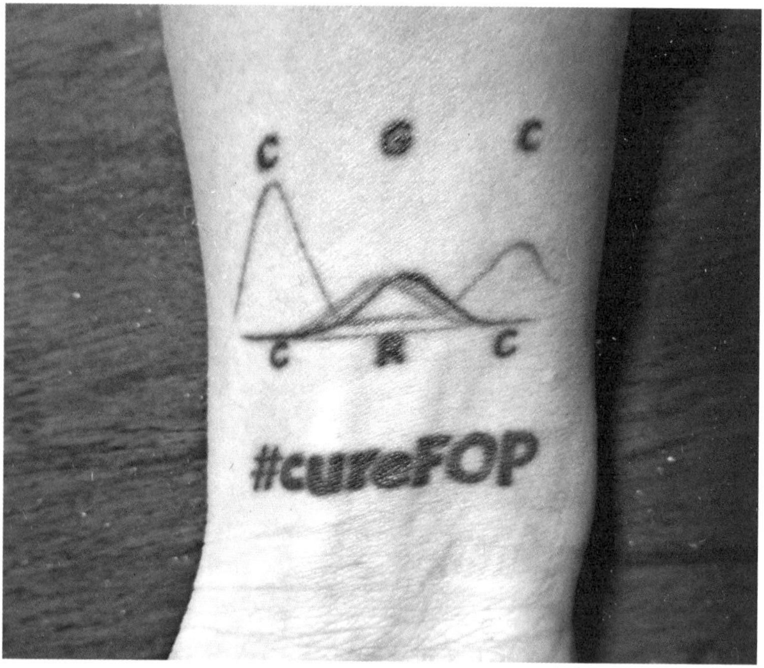

Im Jahr darauf plante ich gemeinsam mit meiner Tante bei ihr in den USA ein Fundraising-Event, was ein voller Erfolg war. Mit der Zeit übernahm ich immer mehr Aufgaben in verschiedenen Komitees der IFOPA als Volunteer, brachte mich als *patient advocate* ein, wo ich nur konnte, und gab immer mein Bestes, um Patient*innen mit FOP eine Stimme zu geben. 2019 erhielt ich dann einen überraschenden Anruf, dass ich für den diesjährigen ›Jeannie Peeper Inspiring Leadership Award‹ der IFOPA ausgewählt worden war. Was für eine Ehre und ein großartiges

Gefühl, dass meine Arbeit für und mit der FOP-Community gesehen und geschätzt wurde.

2020 folgte dann eine überraschende Anfrage der dpa für ein Interview, worüber ich mich tierisch freute! Naiv wie ich war, dachte ich; ein Interview gleich ein Artikel. So staunte ich nicht schlecht, als ich kurz darauf Nachrichten von verschiedenen Freund*innen bekam, dass diese meinen Artikel hier und dort gelesen hätten. Er war deutschlandweit veröffentlich worden! Was für ein großartiger Erfolg und wichtiger Schritt in der Öffentlichkeitsarbeit. In Folge des Artikels bekam ich weitere Interview- und sogar Dreh-Anfragen. Und ganz plötzlich war aus der schüchternen Nadine eine Rampensau geworden (allerdings nur, wenn es um FOP geht). Ich blühte in meinen verschiedenen Rollen regelrecht auf und wuchs mit jeder neuen Aufgabe.

Und dann war da plötzlich eine Pandemie, weswegen ich mich von heute auf morgen von der Außenwelt abschotten musste, weil ich mit FOP zu einer Risikogruppe gehörte, da unsere Lungenkapazität meist auch eingeschränkt ist. Die Crux an der ganzen Sache ist, dass sowohl eine virale Infektion als auch eine intramuskuläre Impfung einen Schub auslösen können. Risikopatientin – mir fällt es bis heute schwer, mich mit diesem Wort zu identifizieren. Bis zur Pandemie hatte ich mich immer als ganz normale Person *#wie du und ich* gesehen und mich auch nie über FOP definiert. Wie vermutlich die meisten aus meiner FOP-Familie war ich total verängstigt und verzweifelt. Doch den Kopf in den Sand zu stecken, war keine Option. Die Devise lautete nicht zum ersten Mal: Hinfallen, wieder aufstehen, Krone richten und weitergehen.

2020 machte ich dann bei der ›Walk Run Roll for FOP‹-Kampagne mit, welche zwei Mütter aus meiner FOP-Familie ins Leben gerufen hatten. Ich nahm die Challenge ›100 Tage, jeden Tag laufen‹ an. Irgendwann postete ich mehr aus Spaß in meinem WhatsApp-Status, dass ich Sponsor*innen suche, die meine gelaufenen Kilometer finanziell unterstützen, um die Spenden dann unserem deutschen Verein, FOP Germany, zugutekommen zu lassen. Ehe ich mich versah, hatten sich drei wundervolle Menschen bereit erklärt. Dann wollte ich es wissen, und postete immer wieder Updates und kam letztendlich auf stolze 13

Sponsor*innen! Ich lief 205 Kilometer und erlief damit 1.250 EURO! Ein Wahnsinns-Erfolg für mich!

Das absolute Highlight erlebte ich, als ich die Anfrage bekam, ob ich mir vorstellen könne, im Vorstand der IFOPA mitzuwirken. Insgeheim war das seit einer Weile mein Traum gewesen und so freute ich mich riesig, diese ehrenhafte Aufgabe übernehmen zu dürfen.

Einer meiner Herzenswünsche ist es, auf den Philippinen, wo meine Mama aufgewachsen ist, eine Awareness Kampagne zu starten, um FOP-Patient*innen zu identifizieren. Ich weiß noch nicht genau wie, aber ich glaube ganz fest daran, dass ich es, in Zusammenarbeit mit anderen, schaffen kann. Ich bin so dankbar für alle diese Chancen, die sich mir bisher geboten haben, um auf FOP aufmerksam zu machen und werde weiterhin mit vollem Herzblut mein Bestes geben, meinen Teil zu dem großen Ganzen beizutragen.

Zuletzt möchte ich euch, liebe Leser*innen mit auf den Weg geben, dass mit Willenskraft, und auch ein bisschen Glück, alles möglich ist. Lasst euch nicht durch euer Äußeres definieren oder von anderen sagen, dass ihr etwas nicht könnt. In euch steckt mehr, als ihr denkt; glaubt an euch! Vor allem: achtet und helft einander. Lasst uns zusammen Gutes tun! Und eine kleine Challenge noch zum Schluss: Meine Superpower besteht darin, Knochen an Stellen wachsen zu lassen, wo sie nicht hingehören. Was ist eure? Ich bin gespannt, was ihr herausfindet!

Despina E. Sivitanides

Care your body. Free your mind!

Wenn ich von Kindern gefragt werde, ob ich etwas in ihr Poesiealbum schreibe, male ich immer dasselbe hinein. Ich male eine Sinuskurve. Darüber schreibe ich ›Leben‹. Die meisten erkennen es auf Anhieb und wissen, was ich meine.

Jeder Mensch hat eine eigene Sinuskurve. Auf und ab gehen alle. Manche ähneln Geraden, nur beinah. Andere gleichen dem Dax im Sturzflug.

Male ich zu der Sinuskurve zwei Strichmenschen, eines auf einem Peak, eines in der Talsohle, wird es interessant:

Ich behaupte, es ist egal, ob deine Sinuskurve einem Zickzack Muster gleicht oder sanften Hügelchen. Das, worauf es wirklich ankommt, ist eine breite Power-Struktur an direkten und dauerhaft tragenden hilfreichen Ressourcen.[1] Dazu eine Sinnhaftigkeit im eigenen Ich, das Leben und Handeln fest verankert zu wissen. Eine bestimmte geistig-seelische Globalorientierung in dieser unberechenbaren Welt. Ein *Mindset,* das Wahrnehmungs- und Beurteilungsmuster auf der Grundlage von unbedingter

1 Antonovsky, 1979: Der israelisch-amerikanische Soziologe und Stressforscher Aaron Antonovsky (1923–1994) hat diesen Sachverhalt *Kohärenzgefühl* genannt und erforscht, wie Menschen trotz auftretender Belastungen gesund bleiben. Er stellt der Pathogenese, welche nach den Bedingungen von Krankheit fragt, die Salutogenese gegenüber, die Gesundheit und ihre Förderung erforscht.

Sinnhaftigkeit schafft, wodurch Versteh- und Handhabbarkeit entsteht und möglich ist.

Eine stabile Persönlichkeitsdisposition kann man sich in einem gewissen Maß mit viel Übung und Training aneignen. Wichtig dabei ist, unter allen Umständen das Augenmerk auf die Sinnsuche zu legen. Ich beginne immer mit der Suche nach der Sinnhaftigkeit und damit letztendlich nach den Bedingungen der Möglichkeit zu Leben. Wenn ich weiß, wieso, gehe ich fester, sicherer mit einem festen, unerschütterlichen Ziel. Und es ist leichter. *Keep moving forward.* Hör nicht auf zu suchen! Wenn du es schon hast, lass nicht los. Hingabe braucht immer wieder Ermunterung und Überprüfung. In schwierigen Zeiten halte am kritischen Überprüfen deiner Hingabe fest. Damit sie dich hält. So schaffst du einen unerschütterlichen Beweis ihrer Notwendigkeit dir selbst gegenüber. Hingabe ist eine Entscheidung. Selbst wenn ich mich dazu entschließe, mich für die Illusion der Hingabe zu entscheiden. Persönliche Hingabe ist eine bewusste Entscheidung. Das ist es, worauf es ankommt. Finde deine Hingabe. Mein Psychologe hat mir beigebracht, unter allen Umständen nicht aufzuhören, die liebevollen unter den Wölf*Innen[2] zu suchen, selbst wenn ich umzingelt bin von bösen und keinen Bock mehr auf weitersuchen habe. Nicht aufhören zu suchen, ist das Essenzielle. Anders gesagt: Weitermachen. Immer weitermachen. Immer.

Unsere Grundsätze und Werte helfen uns, schwierige Situationen auf körperlicher und geistiger Ebene mit Würde zu tragen und weise Entscheidungen zu treffen. Sie sind wie ein Kompass, der uns den Weg zeigt.

Mental toughness, der entschiedene Gebrauch realistisch hilfreicher Gedanken, entwickelt sich in der kontinuierlichen Anwendung von Grundsätzen und Werten, in der Schulung des eigenen Gewissens und deren praktischer Anwendung. Es ist ein Prozess, der Unterscheidungsvermögen schult und sich in Taten offenbart.

Kenne deine fünf wichtigsten Werte. Das hilft, sich nicht als Opfer von Ereignissen zu fühlen, sondern mit Schicksalsschlägen in Würde umzugehen.

Wenn wir kurz unser Gesundheitskonzept, die Survivability[3] zusammenfassen, dann halten wir fest und packen ein:

---

2 Abgesehen von diesen gesellschaftlichen Archetypen, sind die Tiere schon in gendergerechter Sprache angekommen? Nein. Die subjektlose Massentierhaltung besteht weiterhin.

3 nach Sivitanides.

Sinnhaftigkeit, Hingabe, Werte und Grundsätze, realistisch hilfreiche Gedanken, Weitermachen.

Stress ist keine unveränderliche Einflussgröße. Nicht die Stresssituation an sich, sondern unsere Art und Weise, wie wir mit ihr umgehen, bestimmt, wie sich der Stress auf uns auswirkt.[4]

Eine Stresssituation ist stark abhängig von unserer Bewertung und verändert sich durch unsere individuelle Informationsverarbeitung! Anhand von Anpassungsleistungen vermögen wir, einen Perspektivwechsel vorzunehmen.

Von einer (objektiven) Belastungsseite hin zu (subjektiven) Bewältigungsprozessen. Unsere Anpassungsleistungen sind unsere breite *Power-Struktur*. Die Verarbeitungsweise von Stress ist wichtig für den weiteren Verlauf unseres Gesundheitszustandes. Unsere individuelle Bewältigung von Stressoren ist abhängig von den eigenen verfügbaren Widerstandsressourcen. Wir sammeln folglich gleich den Helden in einem *oldschool* Videogame unsere Superkräfte, unser Schild und Schwert, unsere Heilkräuter und Gefährten ein. Nur anders als im Videogame müssen wir selbst eine Auswahl schaffen, vorerst suchen und prüfen. Schließlich aneignen, sodass die benötigten Ressourcen ausgewählt, eingesetzt und angezapft werden. Effektive Stressbewältigung bedeutet demnach einen flexiblen Einsatz verschiedener Verhaltensmuster. So kommst du zur *(M)Achtsamkeit*. Deiner Ermächtigung auf der Grundlage deiner Hingabe und Werte. Der Überzeugung, dass Schwierigkeiten lösbar und geeignete Ressourcen, die benötigt werden, um Anforderungen angemessen zu bewältigen, verfügbar sind. Ermächtigung heißt *Empowerment*. Bedeutet, zu einem möglichst hohen Grad selbstbestimmt und autonom leben zu können anhand deiner Power-Struktur. Durch Empowerment-Ressourcen eigene Interessen selbstbestimmt und eigenmächtig zu vertreten. In der *Quest* des Lebens, der ewigen Sinuskurve, den Fokus auf deine Power-Struktur, deine Fähigkeiten und Fertigkeiten zu zentrieren.

Bedeutet *Fähigkeit* Wissenserwerb, so ist *Fertigkeit* die Kompetenz der implementierten, intuitiven Anwendung von Wissen. Reichere dein Gestaltungsvermögen an.

---

4 Lazarus, Folkman, 1987. Stone, Cohen, Adler, 1979.

Nein, die Kontrolle über die Sinuskurve haben wir nicht. Aber wir können uns entscheiden, wie wir mit welcher Fertigkeit der Herausforderung begegnen, ob wir zerbrechen oder wachsen.

Es geht um Selbstwirksamkeit und die notwendigen Ressourcen, welche diese bedingen. Uns konstant und selbstbestimmt weiterzuentwickeln, ist die Lebenskraft in uns, die darauf ausgerichtet ist, unsere Bedürfnisse zu befriedigen. *Next Level* heißt hier, Fertigkeiten ständig zu aktualisieren.

Nochmal zu unserer Sinuskurve. Erinnere dich: Stehst du auf einem *Peak*[5], wisse, dass es unaufhaltsam wieder bergab gehen wird. Und stehst du in der Talsohle, musst du wissen, dass es wieder bergauf gehen wird. Es geht aber nicht darum, wo du auf der Sinuskurve stehst, sondern darum, wie breit du in deiner persönlichen *Power-Struktur* aufgestellt bist. Im Folgenden möchte ich ein paar Vorschläge für dein mögliches Repertoire machen. Alle Vorschläge haben gemein, dass wir sie bei uns tragen. »*Omnia mea mecum porta*«, sagte Bias von Priene schon 530 vor Christus. Das bedeutet, alles, was ich habe, trage ich mit mir.

Das *Triune Gehirn*[6]

Das Modell aus den 1970er-Jahren ist evolutionstheoretisch und wissenschaftlich umstritten. Ich führe es an dieser Stelle an, weil das Dreigliedrige Gehirn Modell meiner Meinung nach Ressourcenfelder für unsere *Survivability* genau verbildlicht, sowie innerhalb der drei Arealen eröffnet.

Die vereinfachte Darstellung der funktionellen Aufteilung des Gehirns wird beispielsweise im Bereich Traumapädagogik, Neuropsychologie, Achtsamkeit und Resilienz angewandt.

Für mich tut das Modell eine leicht verständliche *To-do-Liste* zur Emotionsregulation auf.

Unser Neocortex, der größte Teil unseres Gehirns, ist demnach u.a. zuständig für logisches Schlussfolgern und die Deutung kausaler Zusammenhänge in Raum und Zeit. Unmittelbar darunter liegt das wesentlich kleinere limbische System, welches das vegetative Nervensystem beeinflusst und das Zentrum unserer Emotionen wie Angst, Wut, Trauer, Freude u.v.a. ist.

---

5 engl. Spitze.

6 ›Triune Brain‹ nach MacLean, Kral 1973.

Noch eine Etage tiefer liegt der älteste Teil unseres Gehirns, das Stammhirn. Angreifen, Fliehen, Totstellen sind dessen Modi. Trauma entsteht, wenn man in Konflikten weder fliehen noch kämpfen kann.

Heute sieht es so aus: Wir können uns in unangenehmen Situationen nicht totstellen. Die Leitung betritt beispielsweise das Büro bereits mit einem gereizten Ton und einer aggressiven Gangart, steuert direkt auf dich zu, baut sich vor dir auf und lässt einen eindeutig diskriminierenden Kommentar ab. Sich jetzt seitwärts zu Boden fallen zu lassen und sich totzustellen, ist eher die Ausnahme. In derselben Situation einfach aufzustehen und flink wegzurennen, ist in der Regel auch nicht adäquat. Der Leitung direkt mal eins in die Fresse zu geben, auch nicht. Stresshormone wie Kortisol und Adrenalin können aber so, das heißt im Unterdrücken der Stammhirnreflexe, nicht abgebaut werden.

Weil das Stammhirn keine Zeitachse kennt – es kennt nur das Jetzt –, kann die bedrohliche, entwürdigende Situation nicht abgebaut werden. Sie ist immer da. Also, was tun, wenn man mal wieder von Ignoranz und Herzensdummheit wie von Feinden umzingelt ist und eingefroren, ohnmächtig steht angesichts der überall um sich greifenden Infamität und Diskriminierung?

Es reicht, die Ohnmacht zu spüren und das zu erkennen.[7]

In unseren Körper zu spüren. Wie fühlt es sich wo an? Die eigene Atmung wahrzunehmen und zu beobachten ... Unsere Pupillen werden klein. Uns hat es die Sprache verschlagen. Ein Stich ins Herz. Beine und Hände zittern vielleicht. Unsere Atmung ist flach oder wir halten die Luft an. Unangenehme Körperereignisse sind ebenso mannigfaltig wie Diskriminierung. In solchen Situationen wünsche ich uns, dass wir dessen gewahr sind und dann Folgendes tun:

Atme doppelt so lange aus, wie du eingeatmet hast. Zähle beispielsweise bis vier beim Einatmen und bis acht beim Ausatmen. Wichtig dabei ist, die Zeiträume zwischen den Atmungsvorgängen zu beachten. Halte die Luft jeweils so lange an, wie du vermagst. Du kannst nicht ersticken. Wenn du sieben Minuten diesen Atmungsvorgang wiederholst, bist du voraussichtlich eingeschlafen. Es bedarf Training. Zwei Minuten kommen Menschen

7 Levine, Frederick 1998.

in der Regel wie 20 Minuten vor. Ich finde diesen Atemvorgang, die sogenannte 4/8 Atmung, elementar wichtig als immer anwendbare Ressource des eigenen *Empower-* und *Embodiments.* Durch körperliche Aktionen vermag unser Körper die eingangs beschriebenen Stressfaktoren aus dem Stammhirn abzubauen und die Stabilisierung des eigenen Selbst zu generieren. Was für eine körperliche Übung du machst, ist egal. Hauptsache, du führst diese mindestens 20 Minuten durch. Ich bin großer Fan von *oldschool* Sport. Kniebeugen, Liegestützen, Rennen usw. Das sind fabelhafte Ressourcen, die wir immer mit uns führen und je nach körperlicher Verfassung ausführen können. Auch progressive Muskelentspannung, Alexander Technik u.ä. sind von Vorteil.

Es ist mir ein Anliegen zu teilen, *dass körperliche Funktionen Bewusstseinsprozesse steuern und umgekehrt.* Wir denken an etwas Trauriges und werden letztlich traurig, vielleicht weinen wir sogar.

Ermächtigung durch *Embodiment* hieße, in dieser Situation kurz tief einzuatmen mit nach oben gerichteten Augen (manche wedeln dabei auch mit ihrer Hand fächerartig vor ihrem Gesicht herum.).

Unsere unmittelbarste und nahezu jeder Zeit zugängliche Ressource ist unser Körper. *Embodiment* als persönliche Ressource für die eigene Identität stärkend angewendet, ergänzt unsere *Power-Struktur.*

Sinnhaftigkeit, damit Hingabe, Werte und Grundsätze,
realistisch hilfreiche Gedanken, Emotionsregulation durch Embodiment
wie Atemregulation, Körpertechnik, Augentechnik, Sport.

Mit diesen Mitteln kann man auf geistiger und körperlicher Ebene überleben. Das bedeutet *Survivability.*

Nun gibt es aber Leben und Überleben. Überleben ist logisch betrachtet erst einmal wichtiger. Sonst kann man nicht leben. Letztendlich ist aber leben wichtiger, sonst macht Leben keinen Sinn. Denn wenn man überlebt, um zu überleben, macht das Überleben auch keinen Sinn.

Es gibt Vermeidungsziele und Annäherungsziele. Beide stehen in direkter Verbindung zu Überleben und Leben. Vermeidungsziele haben eine Überschneidung mit Überleben. Annäherungsziele mit Leben. Daraus zu schließen, es sei für ein gelungenes Leben notwendig, den Fokus auf Annäherungsziele zu setzen, ist unrealistisch. Das Leben als Ganzes besteht realistisch und differenziert betrachtet zum größten Teil aus Überleben.

Allerdings, wie Narziss in den Spiegel zu gucken, reicht nicht aus. Wie fühlen wir uns dabei? Wie können wir damit umgehen? Was halten wir wie aus? Die Zeit ist ewig lang. Wie viele Zähne hast du denn, dir auszubrechen?

Um leben zu können, brauchen wir ein Gegenüber, ein Du. Allein schon die Quantenphysik zeigt, Existenz ist nur da, wo jemand betrachtet. Bin ich, weil der andere ist? Wer bezeugt sonst, dass du bist? Die *Begegnungen* sind ein entscheidender Bestandteil unseres Lebens. Wir sind soziale Wesen und sterben ohne ein Du trotz *Survivability*. Wie sehr und inwiefern wir uns auf Begegnungen einlassen, ist von Mensch zu Mensch ganz unterschiedlich. Die einen brauchen Distanz, die anderen Nähe. Mit einem Du ist auch nicht unbedingt eine Partnerschaft gemeint. Nur durch das Du können wir jedoch in Begegnung und Sprache, – *dialogos* –, unsere Identität erfahren und schließlich leben. Mit unserer *Survivability* einem Du zu begegnen, heißt folglich bestenfalls Leben und mindestens *care your body, free your mind.*

VII.
Glaube & Spiritualität

Shivā Amiri

Sie nennen mich Esphand

به من می گویند اسپند

Ich bin Esphand, manche nennen mich auch Esfand. Ich mag verschiedene Pronomen, am liebsten abwechselnd. Wie ich aussehe und wer ich bin? Mich gibt es in vielen Variationen, Farben, Formen und Gerüchen. Ich liebe die Sonne und mag die trockene Luft. Ich bin gerne am Meer oder verstecke mich in Wüsten. Ältere Geschwister von mir findest du in afghanischen Supermärkten. Ich stamme aus alten Zeiten, in der Spiritualität und Mythen den Alltag bestimmten, noch bevor es Telefone, Kaffee to Go und Online-Yoga erfunden wurden. Mein Alter bleibt unbekannt und ist nicht wirklich wichtig. Erschaffen wurde ich durch Allahs Gnaden. Getragen werde ich von Mutter Erde. Ich bin Begleiter*in der Lebenden auf der Erde und beschütze die Seelen im Universum. Manche Generationen haben mich schon vergessen, andere halten mich nur noch in ihrer Erinnerung lebendig, wieder andere vertrauen auf mich und tragen mich immer bei sich. Sie verbinden mit mir Heilung durch viele Generationen.

Du und ich sind alte Bekannte. Ich begleite dich, seitdem du auf der Welt bist. Davor habe ich deine Eltern begleitet, davor ihre, davor ihre und so weiter. Als Baby habe ich dich mit meinem Duft zum Schlafen gebracht, als Kind hast du mit meinem Rauch gespielt und wolltest mich immer vom Tisch nehmen und für dich allein haben. Als Jugendliche hast du mir von deinen Ängsten erzählt und deine Mutter gebeten, mich zu wecken und dir Heilung zu schicken. Wenn du vor einer großen Prüfung standest, hast du meinen Segen erbeten und als du von deinen Reisen kamst, hast du nach mir gesucht, um dich zu reinigen.

In deinen frühen Jahren als junger Mensch kamen schwere Zeiten auf uns zu. Auf dich trafen verschiedene Gewalten, die an dir zweifelten und dich infrage stellten. Die Zweifel wurden immer stärker, die Kritik an dir so laut, dass es in den Ohren weh tat. Wie ein Schatten haben sie dich verfolgt und immer mehr von dir beansprucht. Deine Aura wurde gestört und ihr Licht begann zu flackern.

Auch wenn du dich Tag für Tag gegen die Stimmen gewehrt hast und versucht hast sie zu verdrängen, sind sie mit der Zeit immer stärker und du schwächer geworden. Sie haben dich so sehr eingenommen, dass du irgendwann nicht mehr wusstest, wogegen du dich wehrst. Es war einfacher, dich zu ergeben.

So kam es, dass du dich von mir und allem, was dich bis dahin geprägt hatte, entfernt hast. Mit der Zeit hast du vieles vergessen und einiges verleugnet. Du fingst an, den Schatten, der dich mittlerweile umgab, anzunehmen und Vorteile darin zu entdecken. Auch wenn du nicht ganz glücklich warst und viele Teile von dir verleugnen musstest, schien das einfacher als der alte Kampf. Irgendwann wurde es normal für dich, unglücklich zu sein. Für die Menschen, die dich umgaben, war es normal, die persönlichen Anteile aufzugeben, ihre nicht-binären Teile wegzusperren und die eigenen Geschichten zu verdrängen. Du wurdest ein Teil von ihnen. Wie alle anderen durftest du dabei sein, solange du ihre Regeln befolgtest. Du liefst durch die Straßen und dein Gesicht strahlte, während deine Seele weinte und verloren schien. Mit der Zeit wurde dein Körper krank und dein Geist schien verwirrt zu sein.

Dein Herz hatte eine leise Erinnerung an mich und die anderen. Ab und an besuchtest du uns noch. Ich spürte, dass dein Herz an diesen Tagen einen kleinen Freudensprung machte. Doch bevor es größer werden und dir Probleme machen und die Regeln brechen konnte, bevor es sich befreien konnte, hast du die Tür verschlossen und bist umgekehrt. So wurden deine Besuche immer seltener. Es schien, als ob du mich und die anderen Menschen aus deinem früheren Leben aus deinem Herzen verbannt hättest und dein früheres Leben für dich nicht mehr existierte. Wir wurden vergessen. Du kanntest nicht mehr unsere Namen, noch konntest du sie aussprechen.

In deiner tiefen Einsamkeit erschien dir eines Tages auf deinem Weg ein Nebel. Ohne zu wissen, wie es dir geschah, folgtest du dem Nebel. Es war, als ob das Universum nur für dich diesen Nebel geschaffen hatte. Hypnotisiert wechseltest du die Straßen und folgtest ihm. Du wolltest wissen, woher er kam und was es mit ihm auf sich hatte.

Aus der Nähe betrachtet entpuppte sich der Nebel als ein Rauch, dessen Gestalt und Geruch dir bekannt vorkam, aus alten Zeiten. Du wolltest ihn einfangen, aber das war nicht möglich. Der Rauch war bunt wie ein Regenbogen und Kilometer weit zu sehen. Fast wie ein Weg, dem du folgtest. Es war, als würdest du schweben. Als müsstest du keine Schritte setzen und würdest von deinen Ahnen getragen werden.

Als du angekommen warst und der Nebel sich setzte, fandest du dich in einer Wüste wieder. Niemand war da. Nur du und ich und die Erde. Du warst aufgelöst und weintest. Du standest einfach nur da, während deine Tränen dein Gesicht hinunterflossen. Es waren Tränen aus vielen Jahren. Jahren voller Arbeit, Einsamkeit und Verzweiflung. Jahre, in denen du die Trauer zurückgehalten hattest. Jahre, in denen du deine Tränen verstecken musstest. Jahre, in denen du all deine Geheimnisse für dich behalten musstest. Jahre, in denen du nicht Du sein durftest. Jahre voller Kriege in dir. Jahre ohne Liebe. Jahre, die bleich weiß waren. Jahre ohne Verbindung zu Menschen, die dich verstanden. Jahre, in denen du nicht gesehen wurdest. Du sahst mich an, als wolltest du sagen: »Wo warst du all die Jahre? Ich habe dich vermisst.«

Wir sahen uns an und wussten, du warst bereit. Es war Zeit zurückzukehren, auch wenn du anders zurückkehren würdest, als du damals gegangen warst. Du warst nicht mehr die gleiche Person. Deine Seele war älter, dein Körper hatte viele neue Erfahrungen gemacht und dein Geist war bereit, den Kampf wieder aufzunehmen. Aber es war jetzt ein anderer Kampf, ein Kampf der sich stark, friedlich und voller Liebe anfühlte. Du warst bereit.

Du warst bereit, dir selbst entgegenzutreten, du warst bereit, Du zu sein und alle deine Anteile miteinander zu verbinden.

Die Zweifel waren noch immer da. Die Stimmen konntest du noch immer hören, auch wenn sie mittlerweile ein leises Flüstern waren. Auch die Ängste waren noch da. Und trotzdem war dieses Mal alles anders. Alles wirkte viel kleiner, wie Atome. Du hattest Vertrauen. Vertrauen in dich und deine Ahnen. Vertrauen in deine Vergangenheit. Du spürtest die Zukunft, die auf dich wartete. So konntest du sie alle umarmen. Du hast sie umarmt. Alle deine Teile. Die alten und die neuen.

Du hast ihnen einen besonderen Platz gegeben und ihnen Gesellschaft zur Seite gestellt. Die Gesellschaft aus Vertrauen, Liebe, Hoffnung, Freude und Zuversicht. Ihre Begleitung war nicht nur ein großer Raum voller Mut, sondern auch die Neugierde und meine Wenigkeit. Ich durfte ihnen Schutz, Weisheit und Heilung schenken. So war keiner von ihnen mehr einsam oder musste sich fürchten. Sie waren jetzt viele, sie trugen gemeinsam das Wissen und die Weisheit aus der Welt zusammen und teilten es miteinander.

Und heute ist die Entspannung auf dem Weg zu dir. Du kannst sie langsam fühlen. Entspannung setzt sich auf deiner Haut und taucht allmählich in dich ein. Atmen wird dir und den Menschen die dich umgeben Raum schenken, um euch zu erholen. Dein Körper trägt die Müdigkeit deiner Ahnen in sich und sehnt sich nach Ruhe. Du kannst dich jetzt ausruhen und deinem Körper Zeit geben sich zu heilen. Deine Ahnen haben sich nach dieser Ruhe gesehnt. Danach in der Gegenwart das gute Leben zu fühlen. Ein gutes Leben für alle, vor allem für diejenigen, die den Überlebenskampf um Ruhe kennen.

Dein*e ewige*r Wieder-Begleiter*in
Dein Esphand.

Sarah Vecera

Als PoC in einer weißen Kirche

»Es waren Christ*innen, die Rassismus erfunden haben.« Dieser Satz von Natasha A. Kelly hat mich im ›Anders sein‹-Podcast schon ein wenig gepikst, obwohl sie natürlich Recht hat.[1] Das ist nur ein Grund, aber wahrscheinlich der Kern, warum es herausfordernd ist, als Frau *of Color* Teil einer *weiß* dominierten Kirche zu sein. Dennoch bin ich da, wo ich bin: mittendrin als Theologin, Angestellte und Anti-Rassismus-Aktivistin in der *weißen*, evangelischen Landeskirche in Deutschland.

Die meiste Zeit bin ich sogar gern dort und das hat viel mit meiner Prägung und meinem Gottesbild zu tun. Ich bin als *Person of Color* in dieser Kirche groß geworden und war es gewohnt, allein unter *Weißen* zu sein. Das hat natürlich zu viel Schmerz geführt, aber ich habe auch viel Empowerndes aus der Kirche und aus dem christlichen Glauben für mich ziehen können. Das treibt mich bis heute tagtäglich an und hilft mir gemeinsam mit vielen Geschwistern of Color und *Allys* in der Kirche gegen Rassismus unsere Stimmen zu erheben. Denn gerade der Austausch mit diesen Geschwistern war heilend und befreiend zugleich für mich.

Der Kern der christlichen Botschaft ist nämlich weit weg von dem, was Menschen daraus gemacht haben. Wenn ich von einer Kirche für alle träume, dann hilft es mir, mir diesen Kern ins Gedächtnis zu rufen. Wenn ich die Bibel aufschlage, dann lese ich sie zum Beispiel als Empowerment-Buch, das proaktiv gegen jegliche Form der Diskriminierung steht. Alles andere in unseren Köpfen mitsamt all der furchtbaren Taten, die die Kirche definitiv im Gepäck hat, ist menschengemacht und nicht Teil der christlichen *Message*.

1 Phan-Thi (2021).

In der Bibel lese ich, dass Gott*[2] Menschen nach Gottes* Ebenbild schuf. Sie hießen Adam (der Mensch) und Eva (die Leben Schenkende). Diese beiden Menschen haben keine Herkunft, keine Hautfarbe, keine sexuelle Orientierung und auch sonst erfahren wir fast nichts Weiteres über diese beiden, außer dass Gott* scheinbar zufrieden war und sie Gottes* Ebenbild seien, wie wir heute auch. Das verleiht den Menschen an sich schon Würde – allen Menschen. Und dann begegnet mir in der Bibel Gott* als jemand, die*der befreit – immer und immer wieder: das Volk Israel, einzelne Personen, Jesus und letztendlich die gesamte Menschheit. Gott* ist jemand, die*der an der Seite der Menschen steht und sich für die stark macht, die von der Gesellschaft nicht gesehen werden. Gott* sehe ich in der gesamten Bibel an der Seite marginalisierter Menschen. Und das vor Tausenden von Jahren, als patriarchale Strukturen noch undurchdringlicher schienen als heute. Und das stärkt mich einerseits, weil ich an einen Gott* glaube, die*der alle gesellschaftlichen Machtverhältnisse schon immer auf den Kopf gestellt hat. Andererseits ist es für mich ein Wunder, dass sich diese damalig wirklich extrem revolutionären Texte überhaupt gehalten und durchgesetzt haben und niemand es geschafft hat, sie zu verbannen, obwohl es viele solcher Versuche gab.

So gab es auch viele Versuche, die ersten Gemeinden zu torpedieren, die sich in Privathäusern trafen. Es trafen sich dort nämlich Menschen ganz unterschiedlicher Prägung und aus diesen Zusammenhängen ist auch der für mich wichtige Bibelvers »Hier ist weder Jude noch Grieche, weder Mann noch Frau, weder Freier noch Sklave« entstanden. Es zeigt nicht nur, dass Kirche noch nie monokulturell gedacht war, sondern auch, dass Gott* alle gesellschaftlichen Kategorien durchbrechen und auflösen kann.

Und dennoch wurden diese alten Schriften so oft fehlinterpretiert, Menschen wurden und werden bis heute zwangschristianisiert und Rassismus wird in *weiß* dominierten Kirchen verleugnet und weit von sich gewiesen. Das für mich Schmerzhafteste sind tatsächlich die ständigen Leugnungen. Es wird gern mit dem Finger auf andere gezeigt und es wird sich gern öffentlich gegen Rassismus positioniert, während gleichzeitig der Rassismus in den eigenen Reihen im Gewand der Nächstenliebe u.a. in Form von

2 Ich schreibe Gott* mit Sternchen, um daran zu erinnern, dass Gott* kein binär männliches Geschlecht hat.

White Saviorism daherkommt oder schlichtweg schmerzhafte Täter-Opfer-Umkehr stattfindet. Die Deutungshoheit liegt viel zu oft bei der *weißen* Mehrheit, die sich darüber empört, nichts mehr sagen zu dürfen, obwohl sie tatsächlich alles sagt und alles bestimmt. Das scheint oft so absurd, dass einem fast zu Lachen zumute ist. Wenn das alles nicht so traurig wäre.

Aber dennoch bin ich hier. Seit Sommer 2020 haben wir ein Netzwerk von *BIPoC* innerhalb der Kirche und es ist ein so unglaublich empowernder und befreiender Raum. Ich hätte nie für möglich gehalten, dass ich mit Menschen so schnell so eng werden kann. Unsere schmerzhaften Erfahrungen und unsere gleichzeitige Hoffnung in Verbindung mit unserem Glauben schweißen uns dermaßen zusammen, dass ich manchmal vergesse, dass wir uns teilweise noch nie live, sondern nur per Zoom gesehen haben. Durch die anderen wissen wir plötzlich ganz sicher, dass die enge Umarmung der Nächstenliebe innerhalb der Kirche oft so eng war, dass man uns den Blick auf rassistische Strukturen und Muster verwehrt hat. Wir wissen durch die Erfahrungen der anderen plötzlich, dass es Muster sind, die in der christlichen Gemeinschaft kaum zu erkennen waren. Wir wissen endlich, es lag nicht an uns selbst, es waren Mechanismen, die sich wiederholten und die Rassismus waren – an den zu denken, man sich kaum traute. Doch jetzt wissen wir es endlich. Wir sind wie eine BIPoC-Familie innerhalb dieser *weißen* Mehrheit. Eine Familie, die stets zusammenhält und die sich laut gegenseitig verteidigt, wenn jemand eine*n von uns angreift. Eine Familie, die da ist, versteht und nichts versucht kleinzureden. Eine Familie, die ich selbst in meiner eigenen *weißen* Familie so nicht kannte. Und das ist unglaublich. Ein Geschenk und ein Segen. Und das hält mich hier, weil es uns zusammenhält, während immer mehr BIPoCs zu uns finden, obwohl sie die Kirche zum Teil eigentlich schon aufgegeben hatten.

Und das ist so schade, denn ich bin mir so sicher, dass Gott* sich diese Kirche anders vorgestellt hat. Dieser *weiße* elitäre Haufen ist ganz sicher nicht im Sinne der Bibel. Das ist so weit von dem entfernt, was ich dort lese. So weit weg von den Menschen unserer Gesellschaft. So weit weg von dem, was ich schon als Kind faszinierend an Jesus fand, nämlich dass er zu den Menschen ging, die am Rande standen. Es ist so weit weg von dem, was Maria in ihrem Lobgesang singt, nämlich dass Gott* die Mächtigen vom Thron stoßen und die Niedrigen erhöhen wird. Und da wollen wir wieder hin und dafür stehe ich ein und ich werde nicht müde, dieses in der Kirche hinauszuposaunen und ich werde nicht müde, immer wieder Binnenkritik zu üben. Und ich renne erstaunlicherweise viele offene Türen ein. Immer mehr Menschen stellen fest, wie absurd manches eigentlich ist. Zum Beispiel allein die Tatsache, dass Jesus, ein Jude aus Nazareth, häufig als *weiß*-christlicher Mitteleuropäer dargestellt wird. Das ist allen sofort klar, aber noch nie hat das jemand zuvor infrage gestellt, weil schlichtweg die Perspektiven fehlten, die das überhaupt hätten sehen und infrage stellen können. Und diese Stimmen finden nun mehr Gehör und das gibt mir Hoffnung. Es gibt Momente, da frage ich mich ernsthaft, ob diese Hoffnung zu naiv ist. Die meiste Zeit fühlt es sich aber gut und richtig an.

Ich glaube nämlich, dass Christ*innen trotz ihrer kontaminierten Geschichte gute Ansätze haben, um rassimuskritische Wege zu gehen. Es gibt zum Beispiel ein Bild in der Bibel, das vergleicht die Gemeinschaft von Christ*innen mit einem Körper. In der Symbolerzählung wird deutlich, dass jedes Körperteil gleich wichtig und gleich gebraucht wird, unabhängig davon, ob er als unscheinbar gilt. Außerdem wird deutlich, dass sobald ein Körperteil erkrankt, das Auswirkungen auf den gesamten Körper hat. Wenn also der Fuß erkrankt, dann beeinträchtigt die Entzündung den ganzen Körper. Genauso schadet Rassismus letztendlich uns allen, indem er alle vergiftet, obwohl die einen davon profitieren und die anderen dadurch benachteiligt sind. Wenn wir bereit sind, nach dem göttlichen Prinzip der Gnade gemeinsam zu versuchen, den Körper zu heilen, ist dieses Bild ein unglaublich hoffnungsvolles.

Ich habe keine Ahnung, wie ein gesunder Körper aussehen wird. Ich habe keine Ahnung, wie eine Welt ohne Rassismus überhaupt funktionieren kann, obwohl ich sie mir so sehr wünsche, aber als Christin bin ich gewöhnt, an etwas zu glauben und auf etwas zu hoffen, das ich mir nicht vorstellen kann. Im Prinzip ist es mit Gott* dasselbe. Ich kann mir Gott* nicht vorstellen – ich weiß nicht, wie ein Leben nach dem Tod endgültig aussieht. Aber dennoch steh ich sonntags auf der Kanzel, predige und schwärme davon und vermittle den Menschen Hoffnung, danach zu streben und danach zu leben. Ähnlich mache ich das in meinen Anti-Rassismus-Seminaren. Ich kreiere Bilder von einer Welt ohne Rassismus und das treibt uns an, weil wir dadurch Hoffnung bekommen. Daher beten Christ*innen weltweit auch allwöchentlich: »Und der Friede Gottes*, der höher ist als all unsere Vernunft, bewahre unsere Herzen und Sinne!« Friede und eine diskriminierungsfreie Welt sind höher als all unsere Vernunft, aber den Glauben daran nicht zu verlieren, dass dies allem zum Trotz dennoch möglich ist, schenkt mir Hoffnung, lässt mich weitermachen und zaubert mir beim Gedanken daran immer wieder ein Lächeln auf die Lippen.

VIII.
Self-Advocacy

Tessa Hart

Über Bord

Ich wurde geboren auf dem großen Schiff. Das große Schiff stand still auf dem Meer. Die Legende hier lautete, dass es das einzige Schiff war. Hier war alles sehr gleich. Es gab Regeln, die nie ausgesprochen wurden, aber alle zu kennen schienen. Es gab oft ausgesprochene Regeln, die aber niemensch zu beachten schien. Auf dem großen Schiff wollten alle möglichst gleich und möglichst groß sein, aber auf keinen Fall gleich groß, jede Person wollte vielmehr größer als die nächsten sein. Das war ziemlich anstrengend.

Ich war nicht gleich – und groß sein war mir egal. Außerdem juckte mein Kopf.

»Was ist eigentlich jenseits vom Schiff?«, fragte ich, sobald ich fragen konnte.

Die gleichen-nicht-gleichgroßen Menschen lachten: »Jenseits vom Schiff? Gar nichts! Das große Schiff ist alles.«

»Woher wisst ihr das?«

Sie hörten auf zu lachen: »Das wissen alle, die schlau sind.«

»Darf ich selbst mal gucken, ob da noch was ist?«

Nun wurden sie wütend: »Natürlich darfst du das nicht, und das weißt du ganz genau! Hör auf freche Fragen zu stellen.«

Das hatte ich nicht gewusst und warum Fragen stellen frech war, verstand ich auch nicht. Doch als alle blitzschnell wegsahen, schubste mich jemensch über Bord. Ich paddelte verzweifelt mit Armen und Beinen, um nicht zu ertrinken. In den Wellen in der Ferne dachte ich einen Blick zu erhaschen, als ob da doch etwas sei. Doch bevor ich es genauer sehen konnte, wurde ich wieder an Bord gezogen.

»Du böses Kind, das darfst du nicht. Du musst immer auf dem großen Schiff bleiben, das weißt du ganz genau!«

Das hatte ich nicht gewusst und zudem war ich doch hinterlistig über Bord geworfen worden, aber als ich das erklären wollte, hörten alle blitzschnell weg.

Ich wurde dann immer wieder über Bord geworfen, auch wenn es die anderen nicht glaubten, nicht sehen und nicht hören wollten. Manchmal wurde ich wieder an Bord gezogen, oft musste ich mich selbst zurück aufs große Schiff kämpfen. Ich rief, ich schrie, ich erklärte, ich zeigte, ich brachte Meerwasser mit als Beweis.

»Du naives Kind, das darfst du nicht. Das weißt du ganz genau!«

Mit der Zeit lernte ich schwimmen. Wenn ich nun über Bord geworfen wurde, blieb ich manchmal und schwamm ein bisschen umher. Hierbei erblickte ich erstmals einen Regenbogen ... oder vielleicht sogar ... ein Regenbogenschiff? Da war also doch noch etwas außer dem großen Schiff. Das hatte ich gewusst! Doch es war zu weit weg, so gut konnte ich noch nicht schwimmen. Ich kehrte erstmal zurück auf das große Schiff und erzählte von meiner Erkenntnis.

»Du Lügnerin immer mit deinen Geschichten!«

Da hörte ich damit auf, es den gleichen-nicht-gleichgroßen Menschen auf dem großen Schiff recht machen zu wollen, denn das konnte ich in ihren Augen ohnehin nicht.

Ich wurde weiterhin regelmäßig über Bord geworfen, aber mittlerweile ging ich auch freiwillig über Bord, vor allem, um schwimmen zu üben. Eines Tages sah ich es dann: ein weiteres Schiff! Jedoch nicht jenes, welches ich zuvor gesehen hatten, dies war ein ... Labyrinth-Schiff? Ich winkte aus der Ferne und ... nicht-gleiche-gleichgroße Menschen winkten zurück. Es war noch zu weit weg, als dass ich es schwimmend hätte erreichen können, aber nun wusste ich es sicher: Das große Schiff war nicht alles!

Als ich schließlich stärker geworden war und gut genug schwimmen gelernt hatte, sprang ich über Bord und schwamm davon, ließ das große Schiff hinter mir. Umso weiter ich mich entfernte, umso kleiner wurde es. Vielleicht war es gar kein großes Schiff? Ich hatte kein bestimmtes Ziel, ich wollte einfach nur schwimmen und weitere Schiffe entdecken ... Da wurde ich plötzlich an Bord gezogen.

»Willkommen auf dem Rettungsschiff!«, begrüßten mich nicht-gleiche-gleichgroße Menschen.

»Muss ich denn gerettet werden?«

»Nur wenn du willst. Du kannst bleiben, solange du möchtest, und weiterschwimmen, wann immer es dir gefällt.«

Also blieb ich eine Weile. Dieses Schiff stand nicht still, sondern fuhr über das Meer und sammelte Menschen ein, die über Bord geworfen worden oder selbst gesprungen waren. In der Ferne sah ich erneut das ... Labyrinth-Schiff? Ich fragte mich, wie es dort wohl war, aber wollte erstmal noch auf dem Rettungsschiff bleiben, denn dort konnten meine auf dem großen Schiff erlittenen Wunden zu heilen beginnen. Doch dies war kein Schiff zum dauerhaften Leben und außerdem juckte auch immer noch mein Kopf. Nachdem ich lange genug geblieben war, sprang ich gestärkt über Bord und schwamm los, schneller als je zuvor, und genoss das Schwimmen.

Plötzlich erschien es vor mir. Ein Regenbogenschiff. Fast überfuhr es mich.

»Oh, sorry Schatz, wir dachten, du hättest uns schon längst gesehen. Willst du an Bord kommen?«

Das wollte ich. Ich erinnerte mich. Ich hatte es schon gesehen, das Regenbogenschiff, und auf dem großen Schiff hatten die gleichen-nicht-gleichgroßen Menschen, mir eingeredet, es sei nur eine Lüge oder eine Illusion. Auf dem Regenbogenschiff wurde viel betont, dass hier alles anders und besser sei als auf dem großen Schiff und manches schien auch so zu sein. Aber mein Kopf juckte weiter, also stellte ich wieder meine Fragen.

Die scheinbar-nicht-gleichen-gleichgroßen Menschen entgegneten: »Was soll das? Das hier ist das wahre Schiff. Das hier wird das neue große Schiff werden. Wir machen alles besser und wer weiter Fragen stellt, ist böse und naiv und frech und lügt.«

Und dann wollten sie mich über Bord werfen, aber ich sprang vollkommen freiwillig in die Freiheit und schwamm weiter. Da sah ich erneut etwas in der Ferne ... es sah anders aus als zuvor, aber es schien es zu sein ... Das

Labyrinth-Schiff? Und nun war ich stark genug bis dorthin zu schwimmen. Als ich ankam, schien dort niemensch zu sein. Das Schiff schien im Umbau zu sein, deswegen hatte ich es auch nicht gleich wiedererkannt. Ich betrat das Labyrinth und traf nach vielen Wendungen in einem verborgenen Gang eine Person, die um die Ecke schaute und mich begrüßte:

»Da bist du ja endlich!«

»Endlich? Habt ihr denn auf mich gewartet?«

»Hast du denn nicht nach uns gesucht?«

»Doch, ich denke schon. Aber ich hatte etwas anderes erwartet.«

»Wir müssen umbauen. Ganz viele von uns stecken im Labyrinth fest.«

»Warum denn überhaupt ein Labyrinth?«

»Das waren die gleichen-nicht-gleichgroßen Menschen vom großen Schiff. Die haben unser Schiff nach ihren Vorstellungen umgebaut, obwohl wir damit nicht einverstanden waren.«

»Mir haben sie gesagt, es gäbe keine anderen Schiffe.«

»Sie sehen die anderen Schiffe nicht als Schiffe, sondern nur sich selbst.«

»Wie war es denn hier, bevor die gleichen-nicht-gleichgroßen Menschen vom großen Schiff es umgebaut haben?«

»Das weiß ich nicht. Am besten suchst du dir eine ruhige Ecke und bleibst für immer dort.«

Das wollte ich nicht, aber ich wanderte weiter durch das Labyrinth-Schiff auf der Suche nach etwas, von dem ich selbst noch nicht wusste, was es war. Mein Kopf juckte stärker denn je. Immer wieder traf ich auf Menschen, die umbauten, Menschen, die ebenfalls auf der Suche waren, Menschen, die darauf warteten, gefunden zu werden, Menschen, die um sich schlugen, und Menschen, die es sich an einem Plätzchen gemütlich gemacht hatten. Schließlich erkannte ich, was hier vor sich ging, und rief es allen zu: »Leute, das ist kein Labyrinth-Schiff, wir sind auf einem Entdeckungs-Schiff. Aber die gleichen-nicht-gleichgroßen Menschen vom großen Schiff haben es uns vergessen lassen!«

So begann ich, das Vergessen zu vergessen und mich stattdessen zu erinnern, wer wir eigentlich waren, was wir alles schon wussten, was wir alles schon sahen, was wir alles schon konnten, aber auf dem großen Schiff nicht durften. Und ich wusste, da war noch so viel mehr. Also sprang ich über Bord und begab mich auf die Suche nach einem Schwarzen Schiff. Ich wusste, dass es so etwas gab, denn ich hatte bereits welche gesehen und nicht gleich begriffen, dass es sich auch um Schiffe handelte.

Ich schwamm und genoss das Schwimmen. Schließlich fand ich ein Schwarzes Schiff und kletterte an Bord, helfende Hände wurden mir entgegengestreckt und zogen mich an Bord. Dies war ein starkes und sanftes, ein altes und neues, ein weises und neugieriges Schiff. Hier waren viele nicht-gleiche-gleichgroße Menschen, die schon von anderen Schiffen geflogen oder geflohen waren. Viele berichteten von den verschiedenen Schiffen, auf denen sie gewesen waren. Ich glaubte und vertraute, wie seit den Anfangszeiten auf dem großen Schiff nicht mehr. Zwischendurch dachte ich sogar, dass ich vielleicht für immer bleiben könnte ... Also begann ich von meinen Entdeckungen zu berichten, erzählte von Schiffen und Schwimmen. Mein Kopf juckte immer noch.

Plötzlich wurde ich auf den Kopf geschlagen und über Bord geworfen. So schnell und heftig, wie seit dem großen Schiff nicht mehr. Ich ließ mich fallen und stellte fest, ich musste nicht unbedingt schwimmen, das Wasser trug mich. So trieb ich ein wenig neben dem Schwarzen Schiff her und beobachtete es. Ich dachte darüber nach, zu rufen und zu schreien und zu erklären, aber erkannte, dieses Schwarze Schiff hatte zu viel von dem großen Schiff übernommen und außerdem hatte ich keine Lust mehr auf Schiffe. Treibend auf dem Rücken sah ich nun nicht nur das Schiff, sondern auch die Weite des Himmels und des Horizonts. Mein Kopf juckte mehr als jemals zuvor. Ein paar Leute vom Schwarzen Schiff entdeckten mich und riefen mir zu:

»Was machst du denn im Wasser? Komm doch wieder an Bord!«

Ich erklärte ihnen, dass ich über Bord geworfen worden war. Manche glaubten mir nicht. Manche blieben an der Reling sitzen und wir verbrachten etwas Zeit zusammen. Mit der Zeit trieb ich jedoch etwas vom Schiff weg und traf auf eine Schildkröte, die gemütlich auf dem Schildkrötenpanzer lag und sich treiben ließ. Wir trieben gemeinsam weiter und es war gut so.

Irgendwann schwammen wir zurück in Richtung Schwarzes Schiff, aber ich hatte keine Lust mehr, an Bord zu gehen. Ich setzte mich ein wenig in ein angehängtes Rettungsboot und beobachtete abwechselnd das Schiff, das Meer und das Firmament.

Eine Hexe setzte sich neben mich in ein weiteres Rettungsboot und wir beobachteten eine Zeit lang gemeinsam die Welt und es war gut so. Ich begriff, dass die Schiffe nur ein winzig kleiner Teil des Universums waren. Insbesondere das sogenannte große Schiff war überhaupt nicht groß, sondern tat nur so.

Schließlich sprang ich aus dem Rettungsboot … und da riss es mich in die Höhe. Aus meinem Kopf ragten zwei riesige Flügel und trugen mich über das Meer. Mein Kopf juckte nicht mehr, denn meine Kopfflügel waren frei. Ich konnte alle Schiffe sehen, auf denen ich bisher gewesen war, und noch grenzenlos viele mehr. Ich sah die Schildkröten und Hexen und viele weitere Wesen, die eigenständig auf dem Wasser schwammen, durch den Himmel flogen oder in den Tiefen des Meeres tauchten. Ich flog weiter nach oben und der Himmel war unendlich. Ich fragte mich, ob es eigentlich auch fliegende Schiffe gab.

Nun fliege ich immer noch zu all meinen Schiffen und erkunde Neues, lande manchmal, bleibe ein bisschen, helfe beim Umbauen, berichte von den anderen Schiffen und Entdeckungen.

Nun suche ich nicht mehr nach einem Schiff für mich.

Nun treibe ich.

Nun schwimme ich.

Nun fliege ich.

Nun entdecke ich.

Nun besuche ich Schiffe.

Nun baue ich Schiffe.

Nun treffe ich andere Schiff-Freie.

Manchmal stören sich die Leute auf den Schiffen an meinen Kopfflügeln, denn da die meisten ihre Schiffe selten oder nie verlassen, haben sie so etwas noch nicht gesehen, zumal sie ja auch immer wegsehen. Und wenn sie dann beanstanden:

»Warum hast du eigentlich Flügel? Was soll denn das! Das ist böse und naiv und frech und gelogen. Und außerdem hast du sie an der falschen Stelle. Flügel wachsen doch nicht auf dem Kopf!«

Dann entgegne ich bloß: »Das ist mir scheißegal, meine Flügel wachsen genau da, wo sie hingehören«, während ich davonfliege.

Tú Qùynh Nhu Nguyễn

Im Spiegel der Verantwortung

Mein Name ist Qùynh Nhu oder, wie ich damals häufig lächelnd und nett sagte einfach ›eingedeutscht‹ oder ich könnte auch sagen, gewaltvoll und bis zur unsagbaren Stillosigkeit germanisiert, Winju mit W-i-n-j-u. Ich wollte den Menschen nicht zumuten zu lernen. So versuchte ich mit aller Kraft, in Momenten der Begegnung meine vermeintliche Andersartigkeit zu nivellieren, um nicht zu sagen, zu annullieren. Angefangen beim Namen. Aufgehört bei der Frage: Woher kommst du wirklich? Bis ich irgendwann vor der Penetranz kapitulierte und mir endlich ›Việt Nam‹ über die Lippen gepresst wurde. Auch wenn es mich jedes Mal selbst befremdete, hat es viele Jahre gebraucht, bis ich gelernt habe, selbst zu begehren. Ein Begehren nach Partizipation, als eine essenzialistisch und selbstbestimmte, aber auch strategische, kollektive Individualität[1]. *Aufzubegehren* gegen dominante Normalitätsvorstellungen. *Sehnsucht* nach Anerkennung und Wertschätzung einer uns auferlegten Andersheit. Nicht weiter das Lied zu singen, das seit Jahrhunderten, mit den immergleichen Worten – lediglich mit anderen Klängen unterlegt – gesungen wird. Es ist an der Zeit, Harmonien und Klänge jenseits unseres von Unterdrückung formierten Wissens zu komponieren. Es ist an der Zeit, nicht nur neue transformative Bilder und Vorstellungen zu zeichnen. Es gilt, die alten auch mit einem widerständigen Auge – *oppositional gaze*[2] – zu sehen und zu deuten.

Dieses Bild ist ein Ausruf, ein Symbol für eine Widerstandskampfansage. Wir lassen uns nicht über den Spiegel der Andersartigkeit bestimmen. Meine essenzielle Unangepasstheit, die mir jeden Tag im Spiegel eines normierten weißen ›Wir‹ vorgehalten wird, möchte ich mit einem Rück-Spiegel beantworten.

---

1 mit Hochachtung vor und in tiefster Inspiration durch Mai Anh Boger.

2 »The gaze has always been political in my life. [...] hard intense direct looks [...] looks that were seen as confrontional as gestures of resistance, challenges to the authority.« (bell hooks, S. 115, 1992).

Das Bild zeichnet mich in einem Rückspiegel auf den Straßen von Frankreich, das Land der ehemaligen Kolonialherr*innen, meines vermeintlichen Heimatlandes, im Jahr 2018. Ein Jahr, in dem ich begann, Wörter für all die Verletzungen, die sich je in meine Seele und meinen Körper eingeschrieben haben, zu finden. Ein Jahr, in dem ich lernte, mein eigenes Werden den sozialen und kulturellen Reglementierungen – die uns alle umgeben und bestimmen – zu entziehen. Der Beginn, mich selbst und meine Umwelt aktiv einer intellektuellen und sozialen Kritik und Verantwortung zu unterziehen. Das Erwachen aus meinem *Sunken Place*[3] und damit der Beginn eines asketischen Selbstprozesses, durch den ich lernte, mich selbst in einem kollektiven aufbegehrenden WIR (an-)zu erkennen und Widerstand zu leisten. Dabei reagiere ich nicht nur, ich artikuliere, ich gestalte. Ich besetze. Ich besetze jetzt eure Straßen und blicke voller Ekel in den Spiegel der Vergangenheit. Ich habe die Scham, die mir auferlegt wurde, überwunden und zeige nun im Lichte der weißleuchtenden Abendsonne in meinem (Rück-)Spiegel unseren Widerstand.

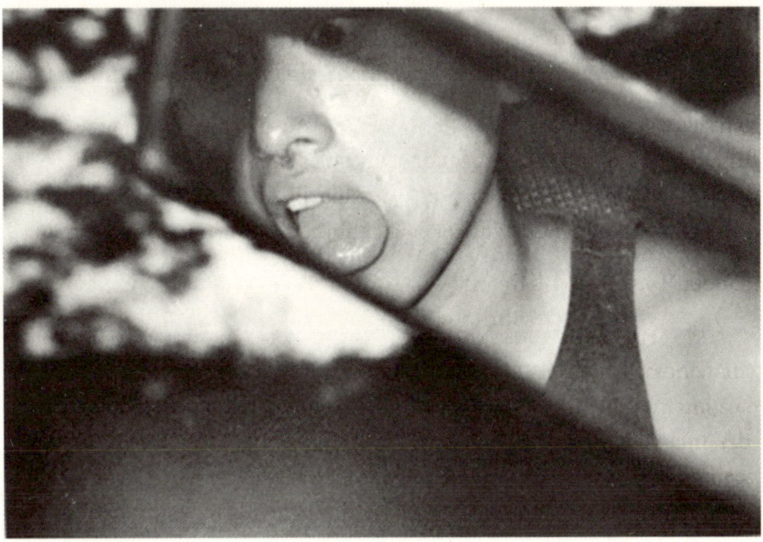

3 (dt. versunkener Ort) Sunken Place bezeichnet eine Phase, in der noch kein vollständiges Bewusstsein über die eigene Identität vorhanden ist und die Tendenz, sich an die Mehrheit anzupassen, im Vordergrund steht. Siehe Glossar für weitere Erklärung.

Sandra Marita Bilson

Brief an mein jüngeres Ich

Liebes jüngeres Ich,

du lebst in einer weißen Mehrheitsgesellschaft, in der du als anders, wütend, fremd und gefährlich abgestempelt wirst.
Du lebst in einer Welt, in der du auf deine äußeren und biologischen Merkmale reduziert wirst.
In einer Welt, in der du mehr als 100% geben sollst, weil deine 100% aufgrund deines Backgrounds niemals ausreichend sein werden.
Du lebst in einer Welt in der du Bodyshaming, Colorism, und jegliche Diskriminierungserfahrungen und Rassismuserfahrungen machen wirst.
Doch lass mich dir eines sagen:

Du bist mehr als deine Erfahrungen.
Du bist alles andere als gefährlich.
Du bist mutig, du bist schön, du bist intelligent und du bist fearless.

Deine Merkmale sind mehr als ein Kostüm und mehr als ein Trend.
Deine Aura erfüllt den ganzen Raum mit Leben.
Deine Haare sind deine Krone.

Dein Haar ist kraus, aber nicht hässlich
und deine Lippen sind nicht zu groß.
Deine Nase ist nicht zu breit.
Und deine Haut nicht zu dunkel.

Deine Hautfarbe erzählt deine Geschichte.
Lass dir nicht einreden, dass du nicht dazugehörst.
Denn niemand gehört hier mehr hin als du.

Du musst dich nicht anpassen, um dazuzugehören.
Du musst deine Persönlichkeit nicht verstecken, um respektiert zu werden.
Denn jede Person hat ihre Daseinsberechtigung.
Ja genau! Auch du!

Habe die Kraft, es nochmals zu versuchen,
auch wenn du mehrmals gescheitert bist.
Entdecke in dir dein Potenzial.
Denn du bist mehr als durchschnittlich.
In dir steckt viel mehr, als dir die Gesellschaft zu vermitteln versucht.
Habe den Mut, für deine Rechte einzustehen.
Habe das Vertrauen in dich selbst,
denn deine Stimme ist nicht zu laut.
Deine Stimme ist deine Botschaft.
Habe die Entschlossenheit, deine Ängste zu überwinden.
Habe die Disziplin, das Gerede in Handlungen umzusetzen,
denn deine Handlungen sind nicht übergriffig.
Deine Handlungen sind deine Mission

Schließe dich Brüdern und Schwestern deines Gleichen an.
Baue dir eine Community auf.

In der du lachen, weinen und wütend sein kannst.
In der du mit vielen anderen ein WIR werden kannst.
Eine Community, in der du vielfältig und einig sein kannst.
Denn deine Community gibt dir Halt.
Deine Community gibt dir ein Zuhause.

Liebe Grüße aus der Zukunft – Wir sehen uns ganz bald.

Fühl dich gedrückt,

Dein zukünftiges Ich

Andrea Karimé

Werde Held*in der Rede: Erzählen, schreiben, Empowerment

> »und auch die schwarzen und sonstwie bindestrichdeutschen/ kommen nicht mehr, weil die eingeladen werden/ sondern nur noch wenn sie selber wollen/ sie werden langsam frech /so ein pech /ein glück ...«[1] [2]

Ich bin Schriftstellerin of Color, Dichterin mit libanesisch-deutschem Hintergrund, bin also eine »sonstwie bindestrich-deutsche« wie May Ayim, die Schwarze deutsche Dichterin, in ihrem Gedicht formuliert hat. Sie spricht damit die Entwicklung von Empowerment und die Einmischung der Community an. Die schwarzen und »sonstwie bindestrich-deutschen« begnügen sich nicht mehr mit Einladungen, etwa als *Token*, sie machen eigene Räume auf. Räume, in denen BIPoC-Geschichten laut werden können.

Und in denen Geschichten und Bücher als Räume für Empowerment geschrieben werden. Denn Erzählen und Schreiben ist Empowerment. Aus vielen Gründen.

2004 schrieb ich meinen ersten Roman. Viele Bücher sind es geworden, vor allem viele Kinderbücher. Aber bis dahin war es ein langer Weg, denn »[d]er Zugang zum geschriebenen Wort ist in Deutschland extrem intellektualisiert – durch die Tradition, durch die Branche. Ich habe lange gebraucht, um mich von der Vorstellung zu lösen, dass nur diese Art des Schreibens Qualität hat«, sagt Sarah Claire Wray in einem Gespräch mit dem Projekt Heartwork.[3]

---

1 Ayim, 2000.
2 Alle Zitate, bis auf das von Cameron und von La Rose sind von Frauen of Color.
3 Wray, 2021.

Und das, obwohl ich, wie Sarah, immer schrieb, seit meinem 11. Lebensjahr, Tagebuch, Gedichte, Reiseberichte. Mein Lehrer im Gymnasium hat mit allen Kräften verleugnet, dass meine Muttersprache Deutsch ist, meine Liebe zum Lesen und Schreiben lächerlich und jeden meiner Fehler öffentlich gemacht. (Später, viel später, habe ich von seiner rechten Gesinnung erfahren.) Und dennoch hat mich das Schreiben nie verlassen. Auch wenn ich nach dem ersten Seminartag an der Uni der Germanistik den Rücken kehrte und Kunst studierte. Ich entdeckte, dass Wörter ein tolles Material sind und nutzte sie für künstlerische Arbeiten. Später, viel später nahm ich das Schreiben ernst. Dazu beigetragen hat meine damalige Lebensgefährtin, die die Texte entdeckte und zufällig eine Idee für einen Verlag hatte.

Die Verlegerin bat mich, aus einer Kurzgeschichte einen Roman zu machen, und so entstand die Geschichte der queeren Heldin Mina, die ihr Leben durch arabisch-deutsche Realitäten schippert.

Eine queere Held*in of Color war geboren. Im deutschen Raum ein Novum in der Literatur. In jedweder Hinsicht. Natürlich gab es damals schon queere Romane. Und auch Romane of Color. Zum Beispiel als Übersetzungen von weit weg. Aber diese Perspektive als Deutsch zu erklären war neu.

Natürlich hatte es bereits (queere) deutsche PoC's gegeben, aber nun, da ich eine aufgeschrieben hatte, waren sie sichtbar geworden.[4]

Ich war sichtbar geworden. Die Geschichte basiert auf meinen persönlichen Erfahrungen als queere Person of Color, die ich bisher in Büchern nicht gefunden hatte. Ich kam nicht vor.

Ich war aber genauso sichtbar geworden in May Ayims Gedicht. Ihre Zeilen haben mich wahr gemacht.

Schreibst oder erzählst du die Perspektiven von FLINTA of Colour, durchbrichst du außerdem den Kanon der Beschreibungen von außen. Nicht du wirst beschrieben, sondern du erzählst dich selbst und machst dich und andere sichtbar.

---

4 Karimé, 2004.

Aber FLINTA of Colour sind es gewohnt beschrieben zu werden.

Fremdbeschreibungen haben rassistische Tradition. Ganze Universen an Imaginationen über Schwarze haben Weißen jahrhundertelang geholfen (und sie tun es noch), sich in einer Täterschaft als Rassist*innen gut und gerecht zu fühlen und somit ihre gewalttätigen, mörderischen unanständigen Praktiken und Persönlichkeitsanteile zu verleugnen. In dem Schwarze als böse, wild, räuberisch und vieles andere imaginiert wurden und werden, konnten sich Weiße als Ordnungshüter*innen und Austreiber*innen des Bösen gut und fürsorglich darstellen. Das ist ein noch immer wirkendes Trauma. Grada Kilomba hat das transparent in ihrem Buch *plantations memories* analysiert, und sie macht deutlich, wie zerstörerisch weiße Fantasie über Schwarze ist und war. Immer noch werden Bilder von Schwarzen in der Tradition von Sklavenhaltern reproduziert und das ist ›the wound‹.

> »What is often called the black soul is a white man's artifact. This sentence reminds us that it is not the Black subject, we are dealing with, but white fantasies of what Blackness should be like.«[5]

Wenn du aber selbst schreibst, kreierst du eine Gegenerzählung, und du durchbrichst damit diesen Kanon, und das ist auch Empowerment. Zudem ist das Erzählen und das Sammeln von Geschichten ein Beitrag zur Repräsentation.

Wenn du erzählst, gibst du dir selbst eine Stimme. Erzählen ist gestaltete Erfahrung. Im Schreibprozess wird diese Gestaltung noch intensiver. Erzählen kann Leben retten! Dein eigenes, weil deine Erfahrung auf das Blatt geworfen wird und Schöpfungskräfte dabei freisetzen. Indem ich *Die Briefträgerin* schrieb, schuf ich mich neu.

Erzählen kann aber auch das Leben von anderen retten. Wenn du erzählst oder schreibst, wirst du zur Held*in der Rede. Scheherazade aus 1001 Nacht rettete ihr eigenes Leben und das Leben vieler Mädchen, in dem sie dem gewalttätigen König Schahriyar Geschichten erzählte. Sie ist eine Heldin der Rede. Ein wundervolles Geschichtenmotiv, das ursprünglich aus Indien stammt, und sich über Persien und die Levante bis auf den afrikanischen

---

5 Kilomba, 2020.

Kontinent ausbreitete. Mich hat die Idee der Kraft von Geschichten immer fasziniert. Ohne zu wissen, dass es ein schon ganz früh auftauchendes Charakteristikum in der arabischen Literatur ist, nämlich über das Erzählen, über die Rede als Held*innentat.

Vielleicht war das der Grund, dass ich in meinem ersten Kinderbuch 2006 eine starke Heldin of Color etablieren wollte, eine Heldin der Rede. Also ein Kind of Color, das sich durch Erzählen, Schreiben und die eigene Stimme empowert. Wieder war es diese Lebensgefährtin, die sagte: »Schreib doch mal über ein Kind, wie ich eins war!« Sie war eine Woman of Color. So erfand ich Nuri, die ihr eigenes Leben rettet, indem sie ihrem ›Feind‹ auf dem Schulhof Geschichten erzählt.[6] Auch hier rettete ich mich selbst. Ich ließ meine Erfahrungen als Kind of Color in Deutschland einfließen und bestätigte sie mit dem Veröffentlichen. Es war tröstend, nach der Kindheit ohne eine einzige Buchheldin, die so war wie ich. Es war ein Läuten an alle Kinder of Color, dass sie zählen.[7]

Natürlich gibt es diese Hürden vor dem Erzählen und Schreiben. Stimmen im Inneren, die deine Geschichte als unbedeutend, unwichtig und schwach abwerten wollen. Ich schreibe nun seit 50 Jahren und seit fast 20 Jahren professionell und dennoch taucht die Stimme immer auf, wenn ich etwas schreiben will. »Dir fällt bestimmt nichts ein. Eigentlich kannst du doch gar nicht schreiben.« Selbst während des Schreibens an diesem Text tauchte sie auf. Julia Cameron nennt diese Stimme *Inner critic*, etwa innerer Zensor. Wann immer er auftaucht und sie demoralisieren will, spricht sie mit ihm, nennt ihn Nigel und dankt ihm dafür, dass er seine Perspektive mit ihr geteilt hat, sagt dann aber, dass sie nun weiterschreiben muss.[8] Und auch diese Stimmen sind ja von denen beeinflusst, die bestimmen was Literatur ist. Also mein Lehrer etwa innerhalb einer kleinen Gruppe von weißen zumeist männlichen Personen in der Literaturwissenschaft und Literaturkritik.

---

6 Karimé, 2016.

7 Mittlerweile werden immer mehr Stimmen von FLINTA of Color laut, mehr Held*innen der Rede sichtbar. Etwa die *Kopftuchmädchen*, ein Medien-Start-up für muslimische Frauenstimmen im deutschsprachigen Raum, Schwarze Kinderbuchaktivist*innen wie Tayo Awosusi Onutor und Susann Bee instagram@susannbee und LIT QID, ein Netzwerk, das queere Buchschaffende in der Kinder- und Jugendliteratur zusammenbringt und sichtbar macht.

8 Cameron, 2005.

Es gilt deshalb in diesem Sinne zu schreiben, wie du schreibst, Geschichtenteppiche weben, Welten aus (deinen) Wörtern und (deinen) Sprachen zu bauen. Sichtbar zu werden.

> »Why do I write?/ 'cause I have to / 'cause my voice/ in all its dialects, / has been silient too long.« (La Rose)[9]

So sprich, liebe*r Freund*in[10], erzähl' dich selbst, rette dich und andere, werde Held*in der Rede.

9 La Rose, 2002.

10 Nach Rose Ausländer: »Sprich lieber Freund/ ich weiß du kannst zaubern «

Autor*innenprofile

Zarayasminn

Meine Pronomen: She/Her
Meine Positionierung: Schwarze Frau (BIPoC)
Ein Fun Fact über mich: Theoretisch bin ich zweimal auf die Welt gekommen, wobei glaube ich nur das zweite Mal wirklich zählt.
Warum ich meinen Beitrag »Ich bin eine Schwarze Frau« geschrieben habe: Ich war noch nie wirklich Part von etwas Großem oder einer Bewegung. Dieses Buch hat mir zum ersten Mal den Raum geboten, genau das zu schreiben, was ich fühle, denke und täglich lebe. »Ich bin eine Schwarze Frau« ist ein lang verborgen gebliebener Teil von mir, den ich in diesem Buch endlich zu Papier bringen konnte. Und auch wenn er nur Bruchteile meiner Erfahrungen in Deutschland zeigt, hilft es vielleicht dem/der Einen zu wissen, dass man nicht alleine ist und zeigt gleichzeitig dem/der Anderen, wie sehr Rassismus und Hass betroffene Menschen zeichnen kann.

Ellen Wagner

Meine Pronomen: Sie/Ihr
Meine Positionierung: Schwarz, queere Frau of Color
Ein Fun Fact über mich: Ich besitze etwa 120 verschiedene Nagellacke und etwa ähnlich viele Ohrringpaare.
Warum ich bei diesem Buchprojekt mitmache ODER Warum ich meinen Beitrag »Ich sehe Dich« und »2020« geschrieben habe: Weil unsere Geschichten von Bedeutung sind.

Mia Hoàng Dung Vũ

Meine Pronomen: sie/ihr
Meine Positionierung: Vietnamesisch-Deutsch, Deutsch-Vietnamesin, PoC, WoC, FLINTA of Color je nach Raum
Ein Fun Fact über mich: Ich kann mit den Ohren wackeln.
Warum ich bei diesem Buchprojekt mitmache: Ich fühle mich sehr geehrt, als Herausgeberin und Autorin hier mitzuwirken. Die Stimmen von FLINTA

of Color hätte ich gerne als Jugendliche mehr wahrgenommen und gelesen und so wollte ich an dem Projekt mitmachen, wo diese Stimmen gelesen, gehört und gefühlt werden können.

Sarah Vecera

Meine Pronomen: Sie/Ihr
Meine Positionierung: Deutsche Frau of Color
Ein Fun Fact über mich: Ich gucke seit 30 Jahren GZSZ.
Warum ich meinen Beitrag »Als PoC in einer weißen *Kirche« geschrieben habe:* Gerade in der Kirche gibt es viele Missstände hinsichtlich vieler Formen der Diskriminierung, obwohl es gegen ihren eigenen Grundgedanken steht. Auf meinem Instagram-Account @moyo.me und durch mein Buch »Wie ist Jesus weiß geworden?« komme ich mit vielen Menschen ins Gespräch und merke, dass langsam ein allgemeines Umdenken und Hinterfragen stattfindet. Es bewegt sich was, das empowert mich und davon wollte ich was weitergeben.

Merve T.

Meine Pronomen: Sie/Ihr
Meine Positionierung: Queer Person of Color
Ein Fun Fact über mich: /
Warum ich meinen Beitrag »Wie sehr darf ich mich diskriminiert fühlen?« geschrieben habe: Mein jüngeres Ich hätte sich sehnlichst gewünscht eine Geschichte wie meine zu lesen, um dadurch gestärkt zu werden.

Thuvaraka T.

Meine Pronomen: Sie
Meine Positionierung: Woman of Color
Ein Fun Fact über mich:
Warum ich bei diesem Buchprojekt mitmache: Um anderen Mut zu machen, ihren Weg zu gehen.

Despina E. Sivitanides

Meine Pronomen: She/Her
Meine Positionierung: /
Ein Fun Fact über mich: /
Warum ich bei diesem Buchprojekt mitmache ODER Warum ich meinen Beitrag »Care your body. Free your mind!« geschrieben habe: Die Heraus-

geberinnen haben mir die Möglichkeit eröffnet, meiner eigenen Empowerment-Lehre einen Platz zu geben und damit vielen Menschen einen Werkzeugkoffer. Vielen Dank dafür!

Ajayini Sathyan

Meine Pronomen: Sie/Ihr
Meine Positionierung: Tamil, Transfrau/-person, neurodivergent, Referent*in, Künstler*in, Educator, Spoken Word Artist
Ein Fun Fact über mich: Bei einem meiner Workshops habe ich einen/einer meiner besten Freund*innen kennengelernt.
Warum ich meinen Beitrag »Safe Space« geschrieben habe: Als Ellen mich bezüglich dieses Buchprojekts ansprach, war ich berührt, ich fühlte mich repräsentiert und wertgeschätzt, was im deutschen Kontext nicht oft vorkommt. Außerdem war das Verständnis von Safe Spaces in fast allen Räumen, in denen ich war, völlig falsch. Also habe ich mich entschieden, etwas darüber zu schreiben.

Rabiatou

Meine Pronomen: Sie/Ihr
Meine Positionierung: Afro-deutsch, Schwarz, Mixed, Light skinned
Ein Fun Fact über mich: Ich hänge stundenlang auf ebay-Kleinanzeigen rum und schau' mir tausend Dinge an, die gut in mein WG Zimmer passen würden, nur um dann am Ende natürlich trotzdem nichts zu kaufen.
Warum ich meinen Beitrag »Die Zwischenwelt als Chance« geschrieben habe: Früher konnte ich nie so ganz ausdrücken, weshalb ich in vielen Situationen in meinem Leben das Gefühl hatte, zwischen verschiedenen Stühlen zu sitzen. Ganz lange habe ich es eher als Belastung gesehen. Seit einigen Jahren kann ich für mich persönlich aber auch die Chancen dahinter sehen und sehen, wie viel Kraft und Energie ich daraus schöpfen kann, und das wollte ich gerne mit der Community teilen.

Tú Qùynh Nhu Nguyễn

Meine Pronomen: Sie/Ihr
Meine Positionierung: PoC, Viet-Deutsche working-poor-class Akademikerin
Ein Fun Fact über mich: Nicht mal in Vietnam gibt es meinen Namen auf Schlüsselanhänger oder Tassen, so einzigartig bin ich :D

Warum ich bei diesem Buchprojekt mitmache: Da es für mich eine Möglichkeit ist mir eine Stimme zu geben, eine Stimme, die viel zu lange ungehört blieb, nicht nur von der Gesellschaft, sondern auch von mir selbst.

Cathérine Ngoli
Meine Pronomen: /
Meine Positionierung: Afro-Deutsche, Schwarz, non-binär, BIPoC, light-skinned
Ein Fun Fact über mich: Beim Autofahren singe ich sehr gerne lautstark mit. :)
Warum ich meinen Beitrag »Eine rassismusfreie Gesellschaft – eine Utopie« geschrieben habe: Unsere Identität(en) sind wandelbar. Manchmal fehlen uns die Worte, um diese zu beschreiben, bzw. die Erfahrungen, die wir machen, auszudrücken. Dennoch sind unsere Identitäten und Erfahrungen real.

Idzumi Neumärker
Meine Pronomen: Sie/Ihr
Meine Positionierung: Asiatisch-deutsch, PoC
Ein Fun Fact über mich: Diplom-Biologin, MBA, Heilpraktikerin für Psychotherapie mit Schwerpunkt Diskriminierung und Trauma
Warum ich bei diesem Buchprojekt mitmache: Die Suche nach der eigenen Identität hat mich mein Leben lang beschäftigt. Wurzeln in zwei Kulturen zu haben und doch keine Heimat – das Gefühl von Zugehörigkeit erst erarbeiten und immer wieder beweisen zu müssen – viele Kinder von Migrant*innen kennen das. Ich hoffe, dass viele, die noch auf Identitätssuche sind, sich in unseren Texten wiederfinden, Kraft daraus schöpfen und wissen: ich bin nicht allein

Nadine
Meine Pronomen: Sie/Ihr
Meine Positionierung: Deutsche mit asiatischen Wurzeln
Ein Fun Fact über mich: Meine ersten Worte waren nicht »Mama« oder »Papa«, sondern »Nam nam« was so viel bedeutet wie »Essen« #foodie
Warum ich bei diesem Buchprojekt mitmache: Ich möchte mit meinem Beitrag gerne andere Menschen inspirieren und empowern, denn zusammen sind wir stark.

Anna Mendel
Meine Pronomen: Sie/Ihr
Meine Positionierung: Deutsche Woman of Color aus Südostasien
Ein Fun Fact über mich: Ich mag keine Socken mit Bündchen.
Warum ich meinen Beitrag »Bye, weißes *Schönheitsideal« geschrieben habe:* Wann immer ich Geschichten rund um Make-up erzähle, reagiert mein weißes Umfeld sehr ungläubig. Viele können sich nicht mal annähernd vorstellen, warum es schmerzhaft sein kann, als junge WoC in Deutschland Interesse an Make-up zu haben.

Rutta Mekonen
Meine Pronomen: Sie/Ihr
Meine Positionierung: BIPoC
Ein Fun Fact über mich: Aufgrund meiner Orientierung habe ich schon Hunderte von Schritten hinter mir, die nicht hätten sein müssen ;-) – Ohne Navi oder Maps würde ich überhaupt nicht an mein Ziel kommen.
Warum ich bei diesem Buchprojekt mitmache: Die Idee des Buchprojekts kam genau zu einem Zeitpunkt, in dem ich mich nach Empowerment gesehnt habe. FLINTAS waren lang genug leise und mit der ›Black Lives Matter‹-Bewegung wuchs meine Wut, aber auch mein Wunsch, nicht mehr leise zu sein. Genau so ein Buch hätte ich mir damals gewünscht, und daher ist es für mich ein Geschenk, Teil des Buchprojekts zu sein.

Tebogo R. Mazibuko
Meine Pronomen: Sie/Ihr
Meine Positionierung: Frau of Colour
Ein Fun Fact über mich: Mein Name Tebogo bedeutet ›Dankbarkeit‹ auf setswana (eine Sprache Südafrikas). Ich symbolisiere die Dankbarkeit meiner Eltern: ich habe einen älteren Bruder und unsere Eltern hatten sich auch ein Mädchen gewünscht.
Warum ich meinen Beitrag »Auch ich entscheide, wer ich bin« geschrieben habe: Vor allem die Merkmale, Erfahrungen, Erfolge & Geschichten nicht-*weißer* Menschen wurden über die Jahrhunderte herabgewürdigt. Fakt ist aber, dass die Geschichte und die Welt erheblich vielfältiger sind, als bisher dokumentiert und gelehrt wurde. Durch das Gedicht möchte ich FLINTA of Color ermutigen, sich selber zu definieren und so das eigene Leben authentisch zu gestalten und zu feiern.

Jessica Mawuena Lawson

Meine Pronomen: Sie/Ihr

Meine Positionierung: deutsch-togoisch, light skinned, Schwarz

Ein Fun Fact über mich: In der 11. Klasse hat mein Mathelehrer gesagt, dass es keinen Beruf gibt, in dem man nicht auf die ein oder andere Weise Mathe braucht. Seitdem bin ich ›stets sehr bemüht‹, das Gegenteil zu beweisen. Bisher hat es sehr gut geklappt, die Mathematik zu umgehen. ;)

Warum ich meinen Beitrag »Ein bisschen« geschrieben habe: Im Alltag ist es mir immer wieder wichtig, mich daran zu erinnern, dass ich nicht ganz alleine bin – auch wenn es sich manchmal so anfühlt. Den Community-Gedanken wollte ich also in den Text mit einflechten – und an welchem Ort ginge das besser, als im Afroshop beim Braiden?

Carrie-Ann Lawrence

Meine Pronomen: Sie/Ihr

Meine Positionierung: queer Woman of Color

Ein Fun Fact über mich: Innerlich bin ich 86 Jahre alt und schaue liebend gern Sonntagabend *Tatort*.

Warum ich meinen Beitrag »Keine Szene machen« geschrieben habe: Ich habe diesen Beitrag geschrieben, weil tagtäglich viele Menschen in die gleiche Situation kommen wie ich damals. Und als wäre das nicht schlimm genug, hat die Gesellschaft uns beigebracht, still zu sein und zu schweigen. Ich möchte mit meinem Beitrag dazu aufrufen, so laut zu werden wie nur möglich. Wenn nur eine Person in einer solchen Situation eine Szene macht, nachdem sie meinen Text gelesen hat, dann hat der Text seine Aufgabe erfüllt.

Jasmin L.

Meine Pronomen: Keine

Meine Positionierung: Light skinned PoC

Ein Fun Fact über mich: Hatte als Teenager bei jedem Wetter und jeder Jahreszeit eine Sonnenbrille auf.

Warum ich bei diesem Buchprojekt mitmache: Ich freue mich, dass ich Teil dieses Buchprojektes sein darf. Es gibt mir die Möglichkeit, meine Geschichte der Identitätsfindung als light skinned PoC zu erzählen. Es gibt wenig gesellschaftliche Auseinandersetzung mit dem Thema Besatzungskinder und noch viel weniger Diskurs über Besatzungsenkel. Dies möchte ich mit meinem Artikel ändern. Ich möchte Menschen in einer ähnlichen Situation Mut machen, sich mit diesem Aspekt ihrer Identität auseinander zu setzen.

Andrea Karimé

Meine Pronomen: /
Meine Positionierung: Woman of Color
Ein Fun Fact über mich: Ich werde mehrsprachig gelesen, bin's aber nicht, nur meersprachig.
Warum ich bei diesem Buchprojekt mitmache: Es ist etwas Besonderes, im ansonsten übermäßig *weißen* Buchbetrieb mit anderen FLINTA of Color zusammenzuarbeiten.

Shakira Jimenez

Meine Pronomen: Sie/Ihr
Meine Positionierung: Afro Latina, Dominikanerin
Ein Fun Fact über mich: Auf einer meiner Backbacking-Reisen als Studierende bin ich auf einem Berg in Montenegro von Ziegen angepinkelt worden. Reisen auf eigene Gefahr.
Warum ich bei diesem Buchprojekt mitmache: Ich mache bei diesem Projekt mit, weil meine Geschichte erzählt werden soll. Gelesen werden soll. Und anderen hoffentlich Hoffnung gibt. Meine Geschichte ist eine von vielen und doch kann sie exemplarisch für viele stehen. Meine Geschichte verdient Sichtbarkeit. Ich schreibe als Mutter für meine Mutter. Und für alle Menschen mit einer Migrationsgeschichte in Deutschland.

Tessa Hart

Meine Pronomen: Alle oder keine
Meine Positionierung: Unter anderem Schwarz, afropäisch, ost-deutsch, queer, neurodivergent, autistisch, autigender, aktuell am ehesten mittelschichtzugehörig, Europa verstreut belebt, gewaltüberlebend, Positionierungen für stets unzureichend haltend & Warrior Witch.
Ein Fun Fact über mich: Ich habe Coulrophobie. (Ist das überhaupt ein Fun Fact?)
Warum ich bei diesem Buchprojekt mitmache: Durch den persönlichen Bezug zu Ellen.

Mariela Georg

Meine Pronomen: Sie/Ihr/Kein

Meine Positionierung: Afro-Latina Deutsche

Ein Fun Fact über mich: Ich könnte mich bis ans Lebensende von Waffeln und Brezeln ernähren.

Warum ich bei diesem Buchprojekt mitmache: Ich mache beim Buchprojekt mit, weil ich es wichtig finde, unterschiedliche Lebensrealitäten, Perspektiven und fachliche Einschätzungen sichtbar(er) zu machen.

Elnaz Farahbakhsh

Meine Pronomen: Keine

Meine Positionierung: PoC, queer

Ein Fun Fact über mich: Poet*in, Autor*in, politische Bildungsarbeiter*in, Reiki practitioner

Warum ich bei diesem Buchprojekt mitmache: Ich schreibe und teile gern ein Buch mit anderen empowernden FLINTAs.

C. H. T.

Meine Pronomen: /

Meine Positionierung: Afro-deutsch

Ein Fun Fact über mich: Ich kann nicht tanzen xD

Warum ich meinen Beitrag »Ich bin doch nicht wie ihr?!« geschrieben habe: Der Text soll auf die spezielle Situation aufmerksam machen, wie oft mit ›mixed race‹ Kindern umgegangen wird. Sein Leben lang bleibt man im Prinzip identitätslos, weil man von keinem der beiden akzeptiert wird.

Meieli Borowsky-Islam

Meine Pronomen: Sie / Ihr

Meine Positionierung: FLINTA of Color

Fun Fact: Ohne Caro-Kaffee werde ich morgens nicht wach.

Motivation: Alles aufzuschreiben, was mich bewegt, bedeutet für mich Empowerment. Mit der Buchidee anderen Personen das empowernde Gefühl des Schreibens und Teilens näher zu bringen, ist meine Motivation, bei dem Projekt mitzumachen.

Sandra Marita Bilson

Meine Pronomen: /

Meine Positionierung: BIPOC, Schwarz/Black

Ein Fun Fact über mich: Ich bin Podcasterin
Warum ich bei diesem Buchprojekt mitmache: Weil ich davon überzeugt bin, dass es Content von der Community für die Community braucht, um generationsübergreifend deren Perspektiven, Lebensgeschichten und Erfahrungen hörbar und sichtbar zu machen.

@moonxblood, m. aykan
Meine Pronomen: She/They
Meine Positionierung: Afro-Türkin, Schwarz, Queer
Ein Fun Fact über mich: Ich habe mir mein erstes Piercing auf der Schultoilette selbst gestochen (ich rate davon ab).
Warum ich bei diesem Buchprojekt mitmache: Warum ich bei diesem Buchprojekt mitmache ist ganz einfach gewesen: Es gibt nicht genug BIPoC, vor allem Schwarze Perspektiven in Deutschland. Eine dieser Perspektiven sein zu dürfen, um meinen Beitrag zu teilen, ist nicht nur eine Ehre, sondern auch eine Herausforderung. Ich erhoffe mir, dass dadurch mehr Repräsentation geschaffen wird und unsere Perspektiven somit gehört und verewigt werden.

Vera Atwell-De Nobrega
Meine Pronomen: Sie/Ihr
Meine Positionierung: Schwarz, karibisch-deutsch
Ein Fun Fact über mich: Habe mit 40 Jahren innerhalb einer Woche Motorradfahren gelernt. Bin seitdem begeisterte Bikerin.
Warum ich meinen Beitrag »Brief einer Underdog-Mama« geschrieben habe: Mein Beitrag soll besonders der nächsten Generation of Color viel Liebe, Geborgenheit & Kraft schenken. Unsere Vorfahren können uns daran erinnern, welch wunderbare, kraftvolle Wesen wir doch sind!

Sara Asfaha
Meine Pronomen: Sie/Ihr
Meine Positionierung: Schwarze Deutsche
Ein Fun Fact über mich: /
Warum ich meinen Beitrag »Empowerment afrodiasporischer Kinder« geschrieben habe: Weil Empowerment für Schwarze Kinder in einer *weißen*, patriarchalen, imperialistischen Dominanzgesellschaft essenziell ist. Im deutschsprachigen Raum fehlt noch die Aufmerksamkeit für empathische

Elternschaft und Pan-Afrikanismus als wirkmächtiges Werkzeug für ein starkes positives Selbstbild von afrodiasporischen Kindern.

Shivā Amiri

Meine Pronomen: keine Pronomen
Meine Positionierung: neurodivergent, queer, nicht-binär, trans muslim of Color
Ein Fun Fact über mich: Ich liebe es, Torten für andere zu backen, ich selbst mag aber keine Torten.
Warum ich meinen Beitrag »Sie nennen mich Esphand.« geschrieben habe: Ich wollte meine Prozesse in Bezug auf die Erfahrungen mit Rassismus, Flucht, Klassismus und Cis-Normativität so schreiben, dass sie für meine Bibi und andere Menschen spürbar werden und sie sich in mir – wenn auch nur für einen kurzen Moment – wiederfinden können. Ich möchte mit dem Beitrag die Verbindung von Trauma und Heilung sichtbar machen.

Gregorine Agbekponou

Meine Pronomen: She/Her
Meine Positionierung: Afro-deutsch
Ein Fun Fact über mich: Ein Tag ohne Memes und GIFs fühlt sich an wie Entzug :)
Warum ich meinen Beitrag »Der unsichtbare Schatten« geschrieben habe: Um meine Stimme zu finden, indem ich meine Gedanken strukturiert und weniger strukturiert zu Papier bringe und so das Erlebte besser verarbeite.

Elizabeth Adjei-Acheamfour

Meine Pronomen: /
Meine Positionierung: Afro-Deutsche
Ein Fun Fact über mich: Sobald ein Lied Ohrwurmcharakter hat, bewege ich mich automatisch dazu und kann wochen- und monatelang damit herumlaufen. Meine nähere Umwelt bemerkt das sofort ;)
Warum ich bei diesem Buchprojekt mitmache: Ich habe selbst als Kind und Jugendliche viele autobiografische Bücher gelesen und war immer wieder von den Geschichten inspiriert, in denen Menschen trotz zahlreicher Widerstände und Ungerechtigkeiten weitergemacht und damit etwas verändert haben. Und ich glaube, dass jede Geschichte am Ende jemanden in irgendeiner Form inspiriert, besonders beim Thema Empowerment.

Literaturverzeichnis

Anders & Gleich (2022): Die Fibel der vielen kleinen Unterschiede. 4. Auflage. S. 12–15.

Amadeu Antonio Stiftung: Was ist Rassismus? https://www.amadeu-antonio-stiftung.de/rassismus/was-ist-rassismus/. (29.01.2023).

Antidiskriminierungsstelle des Bundes (2021): Was ist Diskriminierung? https://www.antidiskriminierungsstelle.de/DE/ueber-diskriminierung/was-ist-diskriminierung/was-ist-diskriminierung-node.html (29.01.2023).

Antidiskriminierungsstelle des Bundes (Hg.). (2020): Rassistische Diskriminierung auf dem Wohnungsmarkt. Berlin. Verfügbar unter: https://www.antidiskriminierungsstelle.de/SharedDocs/forschungsprojekte/DE/UMFRAGE_Rass_Diskr_a_d_Wohnungsmarkt.html. (29.01.2023).

Antonovsky, Aaron (1979): Health, stress, and coping: New perspectives on mental and physical well-being. San Francisco.

Arndt, Susan (2020): Die 101 wichtigsten Fragen zu Rassismus, 4. Auflage, München: C.H. Beck.

Arsenis, Nicole / You, Tongjian et al. (2017): Physical activity and telomere length: Impact of aging and potential mechanisms of action. In: Oncotarget 8(27). S. 45008–45019.

Aukongo, Stephanie-Lahya (2018): Buchstabengefühle: eine poetische Einmischung. Hiddensee: w_orten&meer.

Ausländer, Rose (1992): Wer bin ich, wenn ich nicht schreibe. In: Gelassen atmet der Tag. Gedichte 1976. Frankfurt am Main: Fischer.

Ayim, May (1995): Blues in schwarz weiss: Gedichte. Berlin: Orlanda Verlag.

Ayim, May/Opitz (2020) Die »Zwischenwelt« als Chance In: Ayim, May; Oguntoye, Katharina; Schultz, Dagmar (Hg.) (2020): Farbe bekennen. Afro-deutsche Frauen auf den Spuren ihrer Geschichte. 2. Auflage. Orlando Verlag GmbH, Berlin.

Behmanesh, Sohra (2019) Empathische Elternschaft. https://empathische-elternschaft.de/impressum/. (30.01.2023).

Berne, Eric (2007): Spiele der Erwachsenen. 8. Aufl. Reinbek: Rowohlt. S. 32.

Boger, Mai-Anh (2016): Zwischen Partikularisierung und Solidarisierung. Ringvorlesung »Behinderung ohne Behinderte!? Perspektiven der Disability Studies«. Universität Hamburg.

Bußmann, Hadumond (1990): Lexikon der Sprachwissenschaft. Stuttgart: Kröner.

Cambridge Dictionary: community. Cambridge: Cambridge University Press 2022.

Cambridge Dictionary: closet. Cambridge: Cambridge University Press 2023. https://dictionary.cambridge.org/us/dictionary/english/closet. (30.01.2023)

Cambridge Dictionary: Body Positivity. Cambridge: Cambridge University Press 2023. https://dictionary.cambridge.org/us/dictionary/english/body-positivity. (30.01.2023).

Cameron, Julia (2005): The writing life – Ideas and Inspiration for anyone who wants to write. Audiobook Sounds True INC.

Chapman, Tracy. (1988) »Fast Car«. Tracy Chapman. Elektra. CD, LP.

Cohen, F. / Lazarus, Richard (1979): Coping with the stress of illness. In: Health Psychology: A handbook. San Francisco. S. 217–254.

DasErste: Was ist eigentlich Bodyshaming? https://www.mdr.de/brisant/bodyshaming-bedeutung-100.html. (29.01.2023).

Dudenredaktion (2020). Duden – Die deutsche Rechtschreibung, 28. Aufl. Berlin: Cornelsen.

Essed, Philomena (1992) Rassismus und Migration in Europa, in ARGUMENT-Sonderband AS 201. Hamburg: Argument Verlag.

Fajembola, Olaolu / Nimindé-Dundadengar, Tebogo (2021): Gib mir mal die Hautfarbe. 3. Aufl. Beltz.

Feil, Rayén G. (2022) Hä, was heißt denn White Passing?. In: Missy Magazine 01/22. https://missy-magazine.de/blog/2022/01/18/hae-was-heisst-denn-white-passing/. (29.01.2023).

Földes, Csaba (2005): Kontaktdeutsch: Zur Theorie eines Varietätentyps unter transkulturellen Bedingungen von Mehrsprachigkeit. Tübingen: Gunter Narr Verlag.

Georg, Mariela. (2021) Critical Wellness: der Link zwischen politischem Aktivismus und Self-care. In: Kelly, Natasha. A. (Hg.) Sisters and Souls 2: Inspirationen durch May Ayim. Orlanda Buch Verlag.

Hanhardt, Christina (2013) Safe Space: Gay Neighborhood History and the Politics of Violence, Journal of American History, Volume 102, Issue 2, September 2015, Pages 630–631, https://doi.org/10.1093/jahist/jav441.

Harcourt, Houghton Mifflin: The American Heritage® Dictionary of Phrasal Verbs: Houghton Mifflin Harcourt Publishing Company 2005. https://idioms.thefreedictionary.com/letting+in. (29.01.2023).

Hasters, Alice: Was weisse Menschen nicht über Rassismus hören wollen aber wissen sollten, 15. Auflage, Berlin: Hanserblau 2020.

Hoeder, Ciani-Sophia (2019) Rosapedia: Was bedeutet Afro-Diasporisch? Verfügbar unter: https://rosa-mag.de/rosapedia-was-bedeutet-afro-diasporisch/ (29.01.2023).

hooks, bell (1992): Black Looks: Race and Representation. Boston: South End Press 1992, S. 115.

hooks, bell (1994): Black Looks: Popkultur - Medien - Rassismus. Berlin: Orlanda Frauenverlag.

Hübl, Thomas (2020). Healing collective Trauma: A Process for Integrating Our Intergenerational and Cultural Wounds. Macmillan USA.

Hyatt, Millay (2015). Critical Whiteness: Weißsein als Privileg. Deutschlandfunk. https://www.deutschlandfunk.de/critical-whiteness-weisssein-als-privileg-100.html.

Informations- und Dokumentationszentrum für Antirassimusarbeit e.V.: Glossar. Privilegien. https://www.idaev.de/recherchetools/glossar?tx_dpnglossary_glossary%5Baction%5D=show&tx_dpnglossary_glossary%5Bterm%5D=140&tx_dpnglossary_glossarydetail%5Bcontroller%5D=Term&cHash=c0299359dfd18b3b1902e5804e0be4c9. (29.01.2023).

Informations- und Dokumentationszentrum für Antirassimusarbeit e.V.: Glossar. Diversität. https://www.idaev.de/recherchetools/glossar?tx_dpnglossary_glossary%5Baction%5D=list&tx_dpnglossary_glossary%5Bcontroller%5D=Term&tx_dpnglossary_glossary%5BcurrentCharacter%5D=D&cHash=c4fb7b9faf3e5d1c20c3bd2870ad4ec4. (30.01.2023).

Jarero, Ignacio Nacho / Artigas, Lucina (2021). El Abrazo de la Mariposa Método de Terapia EMDR para la Autoadministración de Estimulación Bilateral.

Kaluza, Geert (2018). Stressbewältigung – Trainingsmanual zur psychologischen Gesundheitsförderung.

Karimé, Andrea (2004): Die Briefträgerin. Tübingen: Konkursbuchverlag Claudia Gehrke.

Karimé, Andrea (2016): Nuri und der Geschichtenteppich. Wien: Picus Verlag.

Phan-Thi, Minh- Khai (Moderation). (2021, 26. Mai) Folge 41. Dr. Natasha A. Kelly - Zu Gast bei Minh-Khai Phan-Thi. [Audio-Podcast] In: anderssein. https://open.spotify.com/episode/5DrdY502pLjLNYocu5olxK?si=089f70b87c9f4abf. (01.02.2023).

Kilomba, Grada (2008): Plantation Memories – Episodes of every day racism. Münster: Unrast Verlag.

Kübler-Ross, Elisabeth (1971): Interviews mit Sterbenden. Stuttgart: Kreuz Verlag, Lazarus, Richard / Folkman, Susan (1987). Transactional theory and research of emotions and coping. In: European Journal of Personality, 1, S. 141-169.

Koopmans, Ruud / Veit, Susanne / Yemane, Ruta (2018) Ethnische Hierarchien in der Bewerberauswahl: Ein Feldexperiment zu den Ursachen von Arbeitsmarktdiskriminierung. WZB Discussion Paper SP VI 2018-104. Berlin: WZB. https://bibliothek.wzb.eu/pdf/2018/vi18-104.pdf. (01.02.2023).

Kluwe, Rainer H. (2000) Kognition. In: Spektrum. Lexikon der Psychologie. Heidelberg: Spektrum Akademischer Verlag. https://www.spektrum.de/lexikon/psychologie/kognition/7882. (01.02.2023).

Kuribayashi, Tomoko / Tharpe, Julie (Hg.) Creating Safe Space: Violence and Women. USA: State University of New York Press 1997.

LAG Lesben in NRW e. V.: Die Fibel der vielen kleinen Unterschiede, 4. Auflage, Düsseldorf: 2022.

La Rose, Jacob Sam (2002) In Sable. The Literature Magazine for Writers.

Lazarus, Richard (1981): Streß und Streßbewältigung – Ein Paradigma. In: Kritische Lebensereignisse, Bd. 1 S. 198–232. München.

Levine, Frederick (1998): Trauma-Heilung: Das Erwachen des Tigers; unsere Fähigkeit, traumatische Erfahrungen zu transformieren. Essen: Synthesis.

Lexikon der Neurowissenschaft (2020): mentales Lexikon. In: Spektrum. Heidelberg: Spektrum Akademischer Verlag. https://www.spektrum.de/lexikon/neurowissenschaft/mentales-lexikon/7610. (29.01.2023).

Lexikon der Psychologie: Internalisierung. In: Spektrum (2000). Heidelberg: Spektrum Akademischer Verlag. https://www.spektrum.de/lexikon/psychologie/internalisierung/7343. (29.01.2023).

Lieb, Klaus / Frauenknecht, Sabine (Hg.) (2019): Intensivkurs Psychiatrie und Psychotherapie, 9. Aufl. München: Elsevier. S. 110.

Marteria / Yasha / Miss Platnum (2012): ›Lila Wolken‹. Lila Wolken. Four Music. EP.

MacLean, Paul (1990): The Triune Brain in Evolution: Role in Paleocerebral Functions. Springer Science & Business Media.

Ministerium für Soziales, Gesundheit, Jugend, Familie und Senioren des Landes Schleswig-Holstein (2021): Fibel Echte Vielfalt, Kiel. https://www.schleswig-holstein.de/DE/landesregierung/ministerien-behoerden/VIII/Service/Broschueren/Broschueren_VIII/Soziales/Echte_Vielfalt.pdf?__blob=publicationFile&v=4. (29.01.2023).

McLean, Kral (1973): A Triune Concept of the Brain and Behaviour. Ontario Mental Health Foundation.

Motro, Daphne / Evans, Jonathan B./ Ellis, Aleksander P.J./ Benson III, Lehman: The »Angry Black Woman« Stereotype at Work. In: Harvard Business Review January 31, 2022. https://hbr.org/2022/01/the-angry-black-woman-stereotype-at-work. (29.01.2023).

Neue Deutsche Medienmacher*innen e.V. (Hg.): NdM-Glossar Wörterverzeichnis der Neuen deutschen Medienmacher*innnen (NdM) mit Formulierungshilfen, Erläuterungen und alternativen Begriffen für die Berichterstattung in der Einwanderungsgesellschaft. 11. Aufl. Berlin. 2022. https://neuemedienmacher.de/fileadmin/dateien/Glossar_Webversion.pdf (29.01.2023).

Ohanwe, Malcolm / Aburakia, Marcel (Moderation). (2019. 08.08.) Selbstablehnung als Schwarzkopf - Der »Sunken Place« [Audio-Podcast]. In Kanackische Welle. https://open.spotify.com/episode/3cy7za7C4qmzqOJRJFJub4?si=4f47bbbc87 4241cd. (01.02.2023).

Palfrey, John (2017) Safe Spaces, Brave Spaces: Diversity and Free Expression in Education. The MIT Press 2017.

Porges, Stephen. (2021) Die Polyvagal-Theorie und die Suche nach Sicherheit: Traumabehandlung, soziales Engagement und Bindung. 4. Aufl. Lichtenau: Probst.

Sauer, Arn (2018): LSBTIQ-Lexikon. Grundständig überarbeitete Lizenzausgabe des Glossars des Netzwerkes Trans*Inter*Sektionalität. Bundeszentrale für politische Bildung, Bonn. https://www.bpb.de/themen/gender-diversitaet/geschlechtliche-vielfalt-trans/500902/agender/ (29.01.23).

Schulz von Thun, Friedemann: Miteinander Reden, 3. Auflage, Leipzig: Rowohlt 2000.

Schulz von Thun, Friedemann / Stegmann, Wibke (2021): Das innere Team in Aktion, 12. Aufl. Reinbek: Rowohlt. S. 15 ff.

Self Advocacy Resource and Technical Assistance Center: What is Self-Advocacy? https://www.selfadvocacyinfo.org/self-advocacy/. (29.01.2023).

Shore EM, Xu M, Feldman GJ, Fenstermacher DA, Cho TJ, Choi IH, Connor JM, Delai P, Glaser DL, LeMerrer M, Morhart R, Rogers JG, Smith R, Triffitt JT, Urtizberea JA, Zasloff M, Brown MA, Kaplan FS. A recurrent mutation in the BMP type I receptor ACVR1 causes inherited and sporadic fibrodysplasia ossificans progressiva. In: Nat Genet. 2006 May;38(5):525-7. doi: 10.1038/ng1783.

Stahl, Stefanie (2015): Das Kind in dir muss Heimat finden. Der Schlüssel zur Lösung (fast) aller Probleme. 39. Aufl. München: Kailash.

Vogler, Nikita (2022) Das Pronomenproblem. Im Deutschen müssen geschlechtsneutrale Pronomen endlich anerkannt werden. In: Missy Magazine 02/22. https://missy-magazine.de/blog/2022/03/14/das-pronomenproblem/. (29.01.2023).

Wagenknecht, Peter: Was ist Heteronormativität? Zu Geschichte und Gehalt des Begriffs. In: Hartmann, J., Klesse, C., Wagenknecht, P., Fritzsche, B., Hackmann, K. (Hg.) Heteronormativität., Wiesbaden: VS Verlag für Sozialwissenschaften 2007. Verfügbar unter: https://link.springer.com/chapter/10.1007/978-3-531-90274-6_2#.

Ellen Wagner's Pride Alphabet, cross cultural bridges – wagner coaching LLC 2022

https://www.linkedin.com/posts/ellen-wagner_ellen-wagners-pride-alphabet-intro-activity-6937852923783651328-wpsa?utm_source=share&utm_medium=member_ios.

Watkins, Helen / Watkins, John (2019): Ego-States – Theorie und Therapie, 4. Aufl. Heidelberg: Carl-Auer. S. 45 ff.

Wensinck, A.J., »Niyya«, in: Encyclopaedia of Islam, Second Edition, Edited by: P. Bearman, Th. Bianquis, C.E. Bosworth, E. van Donzel, W.P. Heinrichs. http://dx.doi.org/10.1163/1573-3912_islam_SIM_5935. (29.01.2023).

Williams, David / Lawrence, Jourdyn et al. (2019): Racism and Health: Evidence and Needed Research. Annu Rev Public Health. Apr 1;40. S.105–125.

Winter, Kate / Bramberger Andy (Hg.) Re-Conceptualizing Safe Spaces: Supporting Inclusive Education. Emerald Publishing Limited 2021. DOI: 10.1108/9781839822506.

Wirtz, Markus A. (2021) Dorsch – Lexikon der Psychologie. 20. Aufl. (2022) hogrefe.

Wortbedeutung.info Wörterbuch (2023): Dialog. https://www.wortbedeutung.info/Dialog/ (29.01.2023).

Wray, Sarah Claire, in instagram@heartxwork 22.12.21.

Zwerenz, Milena (2018): Body Neutrality: Muss ich mich und meinen Körper wirklich abfeiern? In: ze.tt (08.08.2018). https://www.zeit.de/zett/politik/2018-08/body-neutrality-muss-ich-mich-und-meinen-koerper-wirklich-abfeiern (29.01.2023).

Glossar

Ableismus: Ableismus ist die strukturelle Diskriminierung von Menschen mit körperlicher oder geistiger Behinderung.

afrodiasporisch/Afrodiaspora: Der Begriff Afrodiaspora bezeichnet das kulturelle Erbe, welches sich Menschen mit afrikanischen Wurzeln teilen. Es beinhaltet die individuelle Identifikation und die Weltanschauung, die von ihren Wurzeln geprägt sind.

Agender: Agender sind Menschen ohne Geschlecht. Sie sind geschlechtsneutral und identifizieren sich mit keinem Geschlecht.

Allies/Verbündete: Allies sind weiße Menschen, welche BIPoC als Verbündete zur Seite stehen und ihre weißen Privilegien nutzen, um BIPoC-Rechte zu stärken oder ihnen in diskriminierenden Situationen aktiv beizustehen. Weiße Freund*innen, Kolleg*innen, usw. können in Absprache mit BIPoCs deren Allies werden.

āshenā: Wort aus dem Dari, bedeutet ›bekannt‹, z.B. »etwas kommt mir āshenā/bekannt vor«.

Audienz: offizieller Empfang bei einer hochgestellten politischen oder kirchlichen Persönlichkeit.

Authentizität: Echtheit.

*Besatzungsenkel*innen*: Anlehnung an den Begriff ›Besatzungskind‹. Als Besatzungsenkel*innen werden Enkel*innen bezeichnet, die der Verbindung einer einheimischen Frau mit einem Besatzungssoldaten entstammen.

BIPoC: Der Begriff BIPoC ist eine Selbstbezeichnung und steht für Black, Indigenous, Person of Color oder People of Color. Damit sind alle Menschen gemeint, welche von Rassismus betroffen sind. BIPoC ist eine Erweiterung zum Begriff PoC und soll explizit aufzeigen, dass dark-skinned und indigene Menschen stärker von Rassismus betroffen sind.

Bodyneutrality: Der Begriff beschreibt die neutrale Sicht auf Körper. Ein Körper muss weder schön sein, noch funktionieren, er darf einfach sein.

Bodypositivity: Bodypositivity ist die Anerkennung, dass jeder Körper, egal wie dieser aussieht, wertvoll ist. Bodypositivity wirkt auf zwei Ebenen: der individuellen; respektvoll wertschätzend zu sich selbst zu sein, und der gesellschaftlichen; Menschen nicht aufgrund ihrer Körperformen zu beurteilen oder, schlimmer noch, zu diskriminieren.

Bodyshaming: Bodyshaming ist das Abwerten von Körpern anderer Personen aufgrund ihrer subjektiv negativ gewerteten Form, Größe oder Aussehen, welche dem gesellschaftlichen Schönheitsideal nicht entsprechen. Dieses Phänomen zeigt sich vor allem durch negative Kommentare in sozialen Netzwerken.

Cis: bezeichnet die Übereinstimmung der Selbstidentifizierung mit dem bei Geburt zugewiesenen Geschlecht.

Codeswitching: Sprecher*innen wechseln während eines Gespräches oder einer Unterhaltung die Sprache, den Dialekt oder Soziolekt. Codeswitching oder Kodewechsel passiert häufig bei Sprecher*innen, welche mehrere Sprachen, Dialekte oder Soziolekte beherrschen und wird kontextabhängig verwendet.

Colorism: Colorism ist eine Form der Diskriminierung bei BIPoC, wobei Menschen mit dunklerem Hautton (dark-skinned) mehr abgewertet werden und mehr Diskriminierung erfahren als Menschen mit hellerem Hautton (light-skinned). Colorism stammt aus kolonialen Schönheitsidealen, wobei weißgelesen zu werden das Ideal war.

Coming-out: beschreibt das Veröffentlichen der sexuellen Orientierung einer Person, wenn sie nicht heterosexuell ist wie z. B. das Veröffentlichen der eigenen Homo-/Bi-/Pansexualität.

Community: Eine Community können Menschen sein, die in einem bestimmten Gebiet leben und sich deswegen einander zugehörig fühlen. Menschen, die sich aufgrund ihrer gemeinsamen Interessen, ihrer sozialen Gruppe, ihrer Nationalität, Religionszugehörigkeit, Sexualität oder anderem als eine Einheit betrachten, gelten ebenso als Community.

CSD (Abk. für Christopher-Street-Day): Der CSD ist ein festlicher Gedenk-Demonstrationstag, an dem Menschen gegen die Diskriminierung und Ausgrenzung aufgrund der sexuellen Orientierung oder des Geschlechts demonstrieren. Insbesondere Betroffene aus der LGBTQ+A-Szene gehen an diesem Tag auf die Straßen.

Dark-skinned: BiPoC mit dunklerem Hautton. Dark-skinned Personen erleben häufiger rassistische Diskriminierung und Gewalt als light skinned BIPoC. Dark skinned ist nicht das Gleiche wie dunkelhäutig, da Letzteres eine koloniale Fremdbezeichnung ist.

Diaspora: Diaspora kommt aus dem Altgriechischen und bedeutet Verstreutheit und Zerstreuung. Diasporas bezeichnet religiöse, ethnische, kulturelle, nationale Gemeinschaften oder Gruppen, welche sich fernab ihrer Heimat auf der Welt ›verstreut‹ haben. Die Diasporagemeinschaften verbindet häufig eine Sehnsucht nach ihrer Heimat und das Sich-fremd-Fühlen im nicht eigenen Land.

Dialogos: Dialogos entstammt dem Altgriechischen. Im deutschen Sprachraum ist Dialog gängiger und bedeutet Gespräch oder Unterredung. Im philosophischen Kontext wird es als bewusstes Gesprächsgestaltungsmittel verwendet, um Erkenntnisse weiterzugeben oder Probleme zu untersuchen.

Diskriminierung: Menschen werden diskriminiert, wenn sie aus rassistischen Gründen oder wegen der (angenommenen) ethnischen Herkunft, des Geschlechts, der Religion oder Weltanschauung, einer Behinderung, des Alters oder der sexuellen Identität in jeglichen Situationen benachteiligt werden.

Diversity: wird im deutschen Sprachraum oft Synonym zu Vielfalt/Diversität benutzt und bezeichnet die gesamtgesellschaftliche Vielfalt der Menschen. Diversity schließt demnach Alter, Geschlecht, sexuelle Identität, Religion/Weltanschauung, ethnische Herkunft und Behinderung laut dem Allgemeinen Gleichbehandlungsgesetz (AGG) mit ein. Des Weiteren zielt Diversität aber auch darauf ab, dass allen Menschen die gleichen Rechte unter Berücksichtigung der komplexen Lebensrealitäten zugesprochen werden.

Dominanzgesellschaft: ist ein erweiterter Begriff ähnlich zur (weißen) Mehrheitsgesellschaft. Der Begriff hebt die hierarchisch gesellschaftliche

Ordnung hervor. Weiterhin weist der Begriff daraufhin, dass es in Deutschland auch Menschen gibt, die sich als Deutsche identifizieren, aber nicht so gelesen werden und daher nicht zur Dominanzgesellschaft gehören.

Ego-States: Ich-Zustände der Persönlichkeit, die z.B. eine bestimmte Altersstufe oder Beziehung im Leben eines Individuums repräsentieren.

Embodiment: (dt.: Verkörperung) Embodiment umschreibt das Zusammenspiel von Körper und Psyche. Es wird angenommen, dass Erlebtes neben der Speicherung im Großhirn, auch in unserem gesamten Körper/ unseren Zellen gespeichert wird.

Empowerment: bedeutet (Selbst-)Ermächtigung, Selbstbefähigung, Stärkung der Selbstwirksamkeit und Autonomie.

Esphand/Espand/Esfand: (persisch: Esphand, deutsch: Steppenraute) ist eine Pflanzenart, welche zur rituellen Verräucherung verwendet wird.

FLINTA: Abkürzung für Frauen, LGBQ* (engl. Lesbian, Gay, Bisexual, queer. Zu Deutsch: lesbisch, schwul, bisexuell und queer), Inter, Nicht-Binär, Transgender und Agender/Asexuell. Das Sternchen hinter LBGQ ist ein Platzhalter für alle Geschlechtsidentitäten und sexuellen Orientierungen.

FOP: FOP ist eine Abkürzung für Fibrodysplasia Ossificans Progressiva. FOP ist eine seltene autosomal-dominante Erkrankung, welche zur Fehlbildung des Skeletts und einer fortschreitenden Verknöcherung von Weichgewebe führt (z. B. Binde-, Muskel- und Stützgewebe).

Heteronormativität: Das Konzept sieht Heterosexualität als unhinterfragte Norm vor, die Menschen ausschließlich in ein binäres Geschlechtersystem (männlich und weiblich) unterteilt (körperlich und sozial). Wer geschlechtlich und/oder sexuell aus dieser Norm fällt, bleibt unsichtbar und/oder ist struktureller Benachteiligung ausgesetzt.

Homofeindlichkeit: Homofeindlichkeit soll im Gegenzug zu Homophobie hervorheben, dass es sich nicht um eine Angst vor Homosexuellen handelt, sondern um eine feindliche Haltung und feindliches Verhalten gegenüber homosexuellen Menschen. Dadurch wird die Ernsthaftigkeit dieses Begriffes hervorgehoben. Es handelt sich um eine Diskriminierung aufgrund der sexuellen Orientierung der Homosexualität.

in the closet: Bezeichnung für den Umstand, dass eine nicht-heterosexuelle Person ihre sexuelle Identität/Orientierung anderen (oder sich selbst) nicht preisgegeben hat.

Inklusion: Inklusion bedeutet, dass jeder Mensch unabhängig vom Aussehen, der Behinderung, der Herkunft, des Alters oder der sexuellen Identität/Orientierung als Mitglied der Gesellschaft akzeptiert wird und somit auch Bedingungen für eine würdevolle Partizipation geschaffen werden.

Inneres Team: Metapher aus der Kommunikationspsychologie, die Persönlichkeitsanteile und deren Kommunikationsverhalten wie einzelne Teammitglieder betrachtet.

*inter**: Intersex ist ein Sammelbegriff für einzigartige Abweichungen in der reproduktiven oder geschlechtlichen Anatomie. Diese Abweichungen können bei den Chromosomen, den Genitalien oder den inneren Organen einer Person auftreten. Intersexualität kann viele verschiedene Formen annehmen und ein breites Spektrum an körperlichen Situationen abdecken. Intersexuelle Menschen können wie alle anderen Menschen auch jedes Geschlecht und jede sexuelle Orientierung haben. Einige intersexuelle Menschen sind auch Teil der LGBTQA*-Gemeinschaft, andere nicht. Die allgemeinen Tendenzen und Einstellungen in Bezug auf die Gruppierung von Intersex-Bewegungen mit LGBTQA*-Bewegungen sind je nach Land unterschiedlich.

Internalisierung: Verinnerlichung, z.B. von Werten, Glaubenssätzen. Es können auch diskriminierende Ideologien internalisiert werden wie z. B. internalisierter Rassismus oder internalisierter Sexismus.

Intersektionalität: Das gegenseitige Wirken verschiedener Formen der strukturellen Diskriminierung basierend auf sozialen Kategorien wie bspw. Hautfarbe, Herkunft, Geschlecht, Sexualität u.v.m. FLINTA of Color sind von Intersektionalität betroffen wegen rassistischer und sexistischer Diskriminierung.

Kaste: Eine in der hinduistischen Gesellschaftsordnung sich streng abschließende Schicht mit Heiratsverbot außerhalb ihrer selbst und mit besonderen Sitten.

Kaukasisch: alte Bezeichnung für Menschen mit hellem Hautton.

Kontingent: anteilmäßig zu erbringende oder zu erwartende Leistung, Menge oder Anzahl.

letting in: Eine Person teilt etwas mit, was zuvor geheim/privat war, wie beispielsweise die sexuelle Orientierung.

LGBTQIA: Abkürzung für Lesbian, Gay, Bisexual, transgender, queer, inter, agender/asexual. Zu Deutsch lesbisch, schwul, bisexuell, transgender, queer, intergeschlechtlich und agender/asexuell.

light-skinned: beschreibt eine BIPoC-Person mit vergleichsweise hellem Hautton.

Maafa: Maafa ist Swahili und bedeutet übersetzt so viel wie ›die große Tragödie‹. Der Begriff führt gezielt Sklaverei, Kolonialismus, Imperialismus und Rassismus zusammen. In diesem Zusammenhang wird zum einen über die Gräueltaten der Sklaverei als auch den Widerstand gesprochen, der ihm entgegengesetzt wurde.

Melanin: Das farbgebende Pigment, welches für die Haut- und Haarfarbe verantwortlich ist.

Menschen mit internationaler Familiengeschichte: Eine alternative Bezeichnung anstelle von ›Migrationshintergrund‹. Der Begriff berücksichtigt, dass nicht alle Personen mit ›(angenommenen) Migrationshintergrund‹ mit ihren Familien eingewandert sind.

Mentales Lexikon: Mentales Lexikon ist die Bezeichnung für den Speicher von Worten im menschlichen Gehirn. Es ist die Grundlage des Sprachvermögens.

Modi: Ein anderes Wort für eine Verfahrensweise, Vorgehensform oder einen Weg.

nicht-binär: Als nicht-binär bezeichnen sich Menschen, die sich nicht mit einem der zwei Geschlechter (Frau, Mädchen/Mann, Junge) identifizieren oder eine weitere Geschlechtsidentität haben.

Nīya: (im arabischen: نِيّة, nīya oder niyya und bedeutet auf Deutsch übersetzt ›Absicht, Intention, Vorhaben‹.) Nīya bezeichnet eine Absichtserklärung, die im Islam für viele rituelle Handlungen vorgeschrieben ist. Diese Absichtserklärung muss der eigentlichen Handlung unmittelbar vorausgehen.

oppositional gaze: (dt. oppositioneller Blick) Blicke als Gesten des Widerstands, welche die Autoritäten, die Unterdrücker*innen intervenieren, herausfordern und infrage stellen. Nach bell hooks entwickeln vor allem jene Schwarze Frauen einen oppositional gaze, deren Identitäten sich aus Ablehnung und Widerstand gegen die herrschende Ordnung herausbildeten.

Oxymoron: Ein Oxymoron ist die Zusammenstellung zweier sich widersprechender Begriffe in einem Kompositum oder in einer rhetorischen Figur (Beispiel: Bittersüß)

Patriarchat: bezeichnet die Gesellschaftsordnung, in der dem Mann eine höhere und bessere Stellung in der Öffentlichkeit (gesellschaftlich) als auch im Privaten (im Kontext Familie, Beziehungen) zugesprochen wird. Mit dieser Stellung gehen bestimmte Pflichten, aber vor allen Dingen Privilegien einher.

Phänotyp: Als Phänotyp bezeichnet man das Erscheinungsbild eines Organismus. Der Phänotyp inkludiert die Gesamtheit aller Merkmale, die wir besitzen. Also auch nicht sichtbare Merkmale wie Krankheiten oder Traumata.

PoC: PoC ist eine Abkürzung für People of Color/Person of Color. PoC ist eine Selbstbezeichnung von Menschen, welche von Rassismus betroffen sind. PoC ist ein politischer Begriff und soll auf Rassismus aufmerksam machen. PoCs erfahren Rassismus, weil sie als nicht deutsch und/oder weiß wahrgenommen werden.

Privilegien: Privilegien sind Vorteile und Zugänge zu Ressourcen, die Menschen aufgrund ihrer gesellschaftlichen Positionierung besitzen. Es wird zwischen offensichtlichen und nicht offensichtlichen Privilegien unterschieden. So stellt beispielsweise das Wahlrecht ein eindeutig offensichtliches Privileg dar, wohingegen die Tatsache, sich nicht mit Diskriminierung beschäftigen zu müssen, ein nicht ganz so offensichtliches Privileg darstellt.

Pronomen (keine, sie, er, nicht-binär, they, dey): Pronomen oder auch Fürwörter genannt, sind Stellvertreterwörter für Nomen, Menschen, Dinge oder Tiere. Bei der Deklination von Pronomen richtet sich die Anpassung nach Geschlecht (Neutrum für Dinge, Maskulin und Feminin) und nach der Anzahl (Singularität (=Einzahl), Pluralität (=Mehrzahl)). Für nicht-binäre Personen stellt diese Binarität ein Problem dar, weil sie in diesem Spektrum nicht abgebildet werden. So gibt es in der LGBTQ+A Szene den Versuch, durch neue Pronomen wie ›dey/deren/demm‹ bzw. ›they/them‹ Menschen, die nicht-binär sind, mitzudenken und Inklusivität zu schaffen.

PTBS (Abk. für posttraumatische Belastungsstörung): die Posttraumatische Belastungsstörung ist eine psychische Erkrankung ausgelöst durch ein einschlägig belastendes Ereignis oder einschlägige belastende Situationen.

queer: ist ein Sammelbegriff für Menschen außerhalb der heteronormativen und binären Geschlechtsidentitäten und sexuellen Orientierungen.

Rassismus: Rassismus ist eine Ideologie, ein Prozess und eine Struktur, die Menschen aufgrund realer oder zugeschriebener Eigenschaften, ihres Äußeren, ihres Namens, ihrer (vermeintlichen) Kultur, Herkunft oder Religion abwertet. Er beschreibt ein reales Machtgefälle, in dem Gewalt, diskriminierendes Verhalten und Ungleichbehandlung mit rassistischem Gedankengut legitimiert werden. Rassismus passiert auf verschiedenen Ebenen individuell, institutionell und strukturell. Wobei institutioneller und struktureller Rassismus schwieriger zu erkennen sind, weil sie subtil z. B. in Form von ungleicher Verteilung von Ressourcen bestehen.

Rassismuskritisch: ist eine Haltung, die sich auf die Gesellschaft bezieht und die Gesellschaft als rassistisch geprägt versteht, also ein System, in dem es verschiedene hierarchische Positionen gibt. Weiße Menschen haben in diesem System eine höhere Stellung als alle nicht weiß gelesenen Menschen.

Schwarz: Schwarz mit einem großen S ist eine politische Selbstbezeichnung, die aus dem englischsprachigen Rassismusdiskurs (Black) übernommen wurde. Dabei ist nicht die tatsächliche Farbe der Haut gemeint, sondern das politische Gegenkonstrukt zu weiß.

Self-Advocacy: (dt.: für sich selbst einzustehen, seine Stimme für seine Anliegen zu erheben.) Der Begriff steht im engen Zusammenhang mit Bürgerrechtsbewegungen, insbesondere mit der Bürgerrechtsbewegung Behinderter Menschen.

Sexismus: Sexismus beschreibt die Ungleichbehandlung, Benachteiligung und Diskriminierung aufgrund der Geschlechtszugehörigkeit.

Sunken Place: (dt. versunkener Ort) Sunken Place bezeichnet eine Phase, in der noch kein vollständiges Bewusstsein über die eigene Identität vorhanden ist und die Tendenz, sich an die Mehrheit anzupassen, im Vordergrund steht. Im Extremfall kann die hergestellte Andersartigkeit und die damit einhergehende Abwertung vonseiten der Mehrheitsgesellschaft und dann auch von sich selbst zu Selbsthass und Selbstablehnung führen.

Survivability: (eng.: Survivability/dt.: Überlebensfähigkeit) ist die Überlebensfähigkeit, und beschreibt Methoden und Ressourcen des Überlebens.

*Täter-Opfer-Umkehr /Täter*innen-Opfer-Umkehr:* bezeichnet eine abwertende Handlung, die darin besteht, dass das Opfer für eine Handlung verantwortlich gemacht wird, welche gegen das Opfer begangen wurde. Dadurch findet eine Rollenumkehr zwischen Täter*innen und Opfer statt.

Transgender: Transgender oder auch transgeschlechtlich ist ein Sammelbegriff für Personen, deren Geschlechtsidentität, Geschlechtsausdruck oder Verhalten nicht mit dem Geschlecht übereinstimmt, das ihnen bei der Geburt zugewiesen wurde.

Transgenerationale Traumatisierung: bezeichnet die (meist unbewusste) Weitergabe traumatischer Erfahrungen an nachfolgende Generationen. Menschen in der nächsten Generation zeigen die Symptome eines Traumas, ohne das Trauma selbst erlebt zu haben.

Triggerwarnung: ist ein Warnhinweis für einen Auslöser (engl. Trigger), welcher eine negative Erfahrung oder Erinnerung hervorrufen kann.

Triune Gehirn: das Dreieinige Gehirn. Neocortex, Limbisches System, Stammhirn

Underdog: bezeichnet eine gesellschaftlich unterschätzte Person mit weniger sozialen Zugängen aufgrund von Geschlecht, Geschlechtsidentität, Körper, Race, Religion, sexueller Orientierung oder sozioökonomischem Hintergrund.

Weiß: Weiß sein beschreibt das politische Machtkonstrukt, auf dem unsere Gesellschaft fußt. Weiße werden als Norm betrachtet und genießen bestimmte Privilegien, über die sie sich oftmals keine Gedanken machen. Wohingegen nicht weißgelesene Menschen weniger Privilegien genießen und öfter Diskriminierungen ausgesetzt sind, weil sie von der angeblichen Norm abweichen.

white passing: White passing (engl. als weiß durchgehen) bezeichnet die Situation, wenn BIPoC, als Weiße gelesen werden. Es beruht historisch bedingt auf dem Privileg, dass Schwarze mit hellem Hautton zu Zeiten der Rassentrennung als Weiße durchgingen, aufgrund äußerlicher Merkmale wie der helleren Haut, kaukasischer Gesichtszüge, wenig gelockten Haaren etc. Das Konstrukt ist fragil, weil es kontextabhängig ist. In einer Situation kann eine Person als weiß durchgehen und in der nächste aufgrund anderer Merkmale wie beispielsweise dem Nachnamen diskriminiert werden.

weiß gelesen: Die Formulierung ›weiß gelesen‹ ist eine Möglichkeit diskriminierungsfrei zu beschreiben, dass eine Person als weiß wahrgenommen wird, ohne zu wissen, ob diese sich selbst so bezeichnet. Auch weiß gelesene Personen können trotz ihres angenommenen Weißseins Diskriminierung erfahren beispielsweise aufgrund des Nachnamens, der realen/angenommenen Herkunft, Religion oder körperlicher Merkmale.

weiße Mehrheitsgesellschaft in Deutschland: (weiße) Mehrheitsgesellschaft ist ein Begriff für Deutsche ohne Einwanderungsgeschichte. Der Begriff kennzeichnet, dass es in Deutschland eben auch Menschen gibt, die sich als Deutsch identifizieren, aber nicht so gelesen werden.

weiße Fragilität: (engl. white fragility) Abwehrverhalten weißer Personen, wenn sie mit Informationen zu Rassismus konfrontiert werden.

*weiße*r Retter*in*: (engl. white saviorism) Geht von weißen Personen aus, die nicht-weißen Menschen auf eigennützige Weise Hilfe leisten, um sich selbst aufzuwerten. Die oft unbeabsichtigte, aber reale Folge ist eine Abwertung armer, nicht-weißer Menschen und das Verstärken von Klischees. Dieses Phänomen tritt häufig in internationalen humanitären Hilfsprojekten auf.

WoC: Woman of Color (dt. Frau of Color), siehe Person of Color

White Supremacy: beschreibt die Überzeugung, dass die Weißen eine überlegene Race darstellen und daher die Gesellschaft dominieren sollten, in der Regel unter Ausschluss oder zum Nachteil nicht weißer ethnischer Gruppen, insbesondere Schwarzer oder jüdischer Menschen.

zornige Schwarze Frau: (engl. angry Black woman) ist ein weit verbreitetes Stereotyp, welches Schwarze Frauen als feindselig, aggressiv, überheblich, unlogisch, schlecht gelaunt und verbittert charakterisiert.